KLARTEXT

Bildnachweis:
Adobe: HeGraDe: 8/9, Javier: 29; EMI: 38; Imago Images: Fotostand: 99, Lindenthaler: 93, Scherf: 33 u., Schwenke: 97, Stefan Noebel-Heise: 95, WolfgangxKühn UnitedArchives100419: 17; Kühmstedt, Bernhard: 7, 115; Nodgoreca, CC BY-SA 4.0 <https://creativecommons.org/licenses/by-sa/4.0>, via Wikimedia Commons: 19; Picture Alliance: 101, DALLE APRF/©Martin Benjamin: 51, Dieter Klar/Dieter Klar: 23, 45, empics/PA: 11, Fryderyk Gabowicz/Fryderyk Gabowicz: 49, rtn–radio tele nord/rtn, ulrike blitzner: 104, ullstein bild/Toini Lindroos: 74/75, United Archives/Fryderyk Gabowicz: 67, 69, United Archives/United Archives/ZIK Images: 4/5, United Archives/Wolfgang Kühn: 59, xim.gs/xim.gs/Marco Maas: 88, dpa/Dieter Klar: 15, dpa/Dieter Klar: 24, dpa/dpaweb/Peter_Winfield: 36, dpa/Ferdinand Ostrop: 79, dpa/Göttert: 42, dpa/Horst Ossinger: 27, dpa/Horst Ossinger: 57, 89, dpa/Kay Nietfeld: 90, dpa/Ursula Düren: 83, SCHROEWIG/Eva Oertwig/SCHROEWIG/Eva Oertwig: 107, ZB/Jan-Peter Kasper: 63 ZB/Jens Kalaene: 41; Saarburg Festival: 33 o.; Stachelhaus, Thomas/National Geographics: 37; Universal/Chris Bucanac: 102; Winzer, Jürgen: 30
Alle übrigen Abbildungen: privat

Bibliografische Information der Deutschen Nationalbibliothek
Die Deutsche Nationalbibliothek verzeichnet diese Publikation in der Deutschen Nationalbibliografie; detaillierte bibliografische Daten sind im Internet über portal.dnb.de abrufbar.

Impressum
1. Auflage Oktober 2022
Layout und Satz: Guido Klütsch
Lektorat: Kerstin Goldbach
Umschlagabbildungen: Adobe Stock/xbrchx (Brunnen), Funke Foto Services/Socrates Tassos (Michael Patrick Kelly), IMAGO/APress (Maite Kelly), Smalltown Boy, Public domain, via Wikimedia Commons (Hausboot), Bernhard Kühmstedt (Kelly Family)
Druck & Bindung: Linsen Druckcenter GmbH, Siemensstraße 12-14, 47533 Kleve

ISBN 978-3-8375-2524-3

KLARTEXT

Jakob Funke Medien Beteiligungs GmbH & Co. KG
Jakob-Funke-Platz 1, 45127 Essen
info.klartext@funkemedien.de
www.klartext-verlag.de

Jürgen Winzer

The Kelly Family

**Populäre Irrtümer
und andere Wahrheiten**

Inhalt

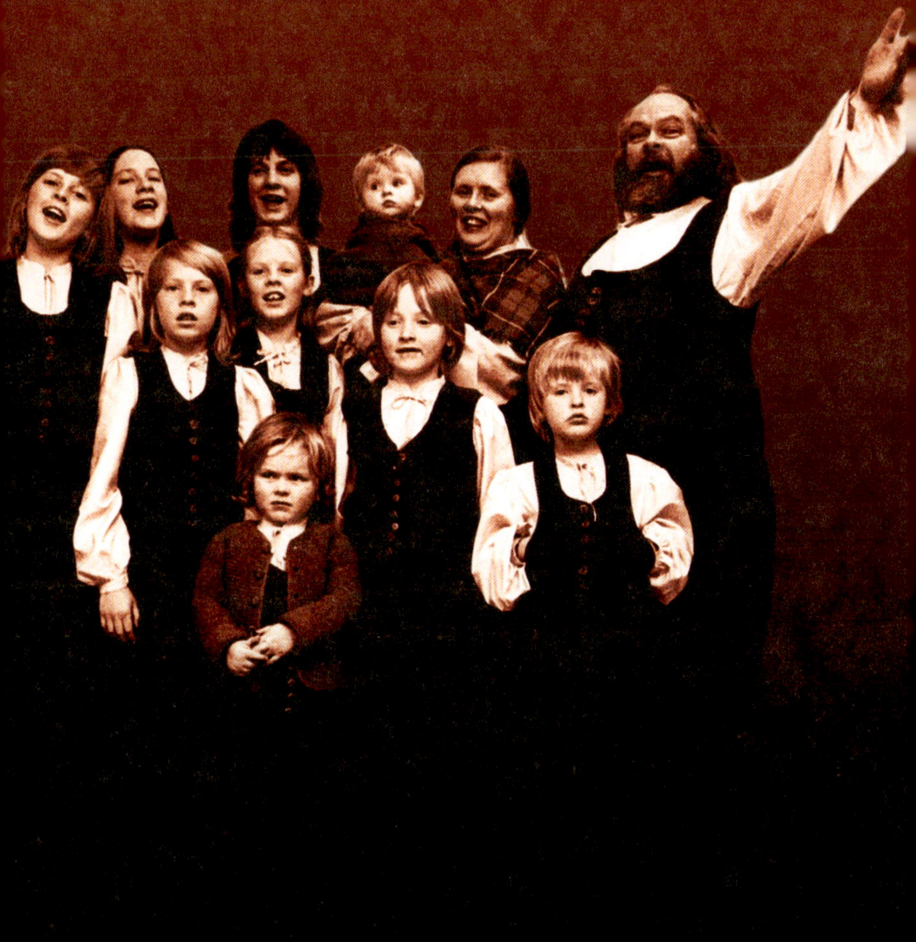

Zum Geleit

Die Kellys und ich hatten keine Chance. Als sie 1980 „Who'll Come With Me“ fragten, war ich längst Jünger von AC/DC und Motörhead. Mitte der 90er-Jahre setzte dann die Kellymania ein und da stand ich auf „gegnerischer“ Seite: Als stellvertretender Chefredakteur von Popcorn war ich für Papa Dan „Persona non grata“ und – wie ihr mir, so ich euch – die Kelly Family für mich deshalb „unerwünschte Band“.

Ich war nicht allein mit meiner Ablehnung, auch wenn meine nicht so idiotisch radikal war wie die anderer (dazu später mehr). Aber es war leicht, die Kellys nicht zu mögen. Aus demselben Grund, aus dem es leicht war, sie zu lieben: Sie waren anders.

Die einen waren begeistert vom lebenslänglichen Schulfrei, von Tourbus- und Hausboot-Romantik, vom gelebten Traumbild einer harmonischen Großfamilie, von schnuckeligen Jungs und von Mädchen, die nicht perfekt gelackt wie TV-Schauspielerinnen daherkamen. Die anderen spürten Misstrauen und fühlten sich bedroht von Freigeist, Eigenwille, pappsüßer Wohlfühlmucke und Ablehnung bürokratisch deutscher Ordnung.

Aber die Band wurde allgegenwärtig. Erstaunlich, wie viele Freunde zwischen 35 und 65 sich erinnern können, die Kelly Family mal auf einem Dorfplatz oder in einer Fußgängerzone live gesehen zu haben. Oder auch nicht erstaunlich: Die Gefahr, einer Band mal über den Kopfsteinpflasterweg gelaufen zu sein, die anfangs der 90er-Jahre jährlich bis zu 700 Konzerte auf deutschen Marktplätzen oder Stadtfesten spielte, ist recht groß.

Es ist gut, dass die Kinder den letzten Wunsch ihrer sterbenden Mutter erfüllten: „Keep on Singing!“ Sie tun es immer noch, auch beinahe 50 Jahre nach den ersten musikalischen Klimperversuchen. Allein das ist eine Sensation. Dieses Buch wird belegen, dass und warum die Kelly Family eines der faszinierenden Phänomene der Musikszene ist.

Zeit zu Aussöhnung: Nichts für ungut, Kellys, ihr seid echt okay.

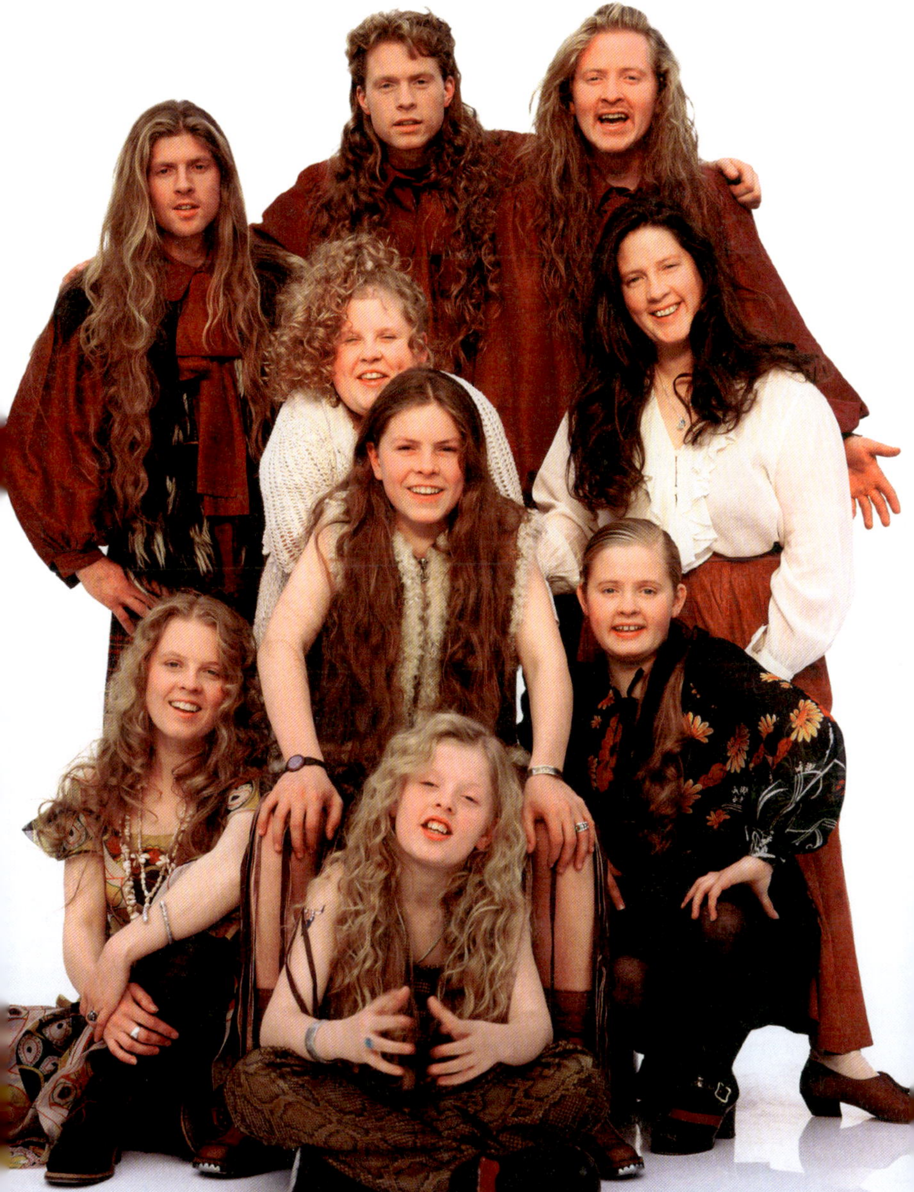

FC Kelly United

„Elf Freunde müsst ihr sein!", schwor einst Deutschlands Fußball-Trainerlegende Sepp Herberger seine Mannen ein, auf dass sie das große Ziel, den WM-Titel 1954, erreichten. Dan Kelly wäre ein guter Trainer und Manager geworden. Seine Teammitglieder zeugte er selbst. Der Kelly-Kader:

MANAGEMENT UND TRAINERTEAM

Daniel Jérome Kelly = Dan
Geboren: 11. Oktober 1930 in Erie, Pennsylvania, USA
Gestorben: 5. August 2022 in Köln

Janice Marie Kelly, geb. Quint
Geboren: 1. Juli 1935 in Peabody, Massachusetts, USA
Gestorben: 23. Dezember 2018 in Albuquerque, New Mexico, USA

Barbara-Ann Kelly, geb. Suokko
Geboren: 2. Juni 1946 in Fitchburg, Massachusetts, USA
Gestorben: 10. November 1982 in Belascoáin, Spanien

DIE MANNSCHAFT

Caroline Kelly
Geboren: 20. Juli 1959 in Leominster, Massachusetts, USA

Kathleen Anne Kelly = Kathy
Geboren: 6. März 1961 in Leominster, Massachusetts, USA

Paul Kelly
Geboren: 16. März 1964 in Leominster, Massachusetts, USA

John Michael Kelly
Geboren: 8. März 1967 in Gamonal, Spanien

Maria Patricia Kelly = Patricia
Geboren: 22. November 1969 in Gamonal, Spanien

Victor James Kelly = Jimmy
Geboren: 18. Februar 1971 in Gamonal, Spanien

Joseph Maria Kelly = Joey
Geboren: 20. Dezember 1972 in Talavera de la Reina, Spanien

Barbara Ann Kelly = Barby
Geboren: 28. April 1975 in Gamonal, Spanien
Gestorben: 15. April 2021 in Nordrhein-Westfalen, Deutschland

Michael Patrick Kelly = Paddy
Geboren: 5. Dezember 1977 in Dublin, Irland

Maite Star Kelly
Geboren: 4. Dezember 1979 in Berlin, Deutschland

Angelo Gabriele Kelly
Geboren: 23. Dezember 1981 in Pamplona, Spanien

EHRENMITGLIEDER

Daniel Kelly
Geboren: 2. Juli 1958 in Chur, Schweiz
Gestorben: 12. November 2017 in Beverly, Massachusetts, USA

Patricia Suzanne Kelly
Geboren: 28. Oktober 1962, Watertown, Massachusetts, USA
Gestorben: 22. Mai 1964 in Harrisville, New Hampshire, USA

50 Jahre Dauerstrom: the Rolling Kellys

Man spricht gern von Musik-„Dinosauriern“, wenn man legendäre Bands würdigen will, die in langen Karrieren viel erreichten. Die Kelly Family zählt nicht zu dieser Kategorie. Weil sie nicht ausgestorben ist. Sie gehört eher zu den Krokodilen: Es gibt sie schon ewig – und sie haben auch nicht vor, zu verschwinden.

Die Beatles. Der klassische Dinosaurier. Zehn aktive Jahre (1960–1970) genügten, die Pilzköpfe zur Legende werden zu lassen. Led Zeppelin wirkten zwei Jahre länger (1968–1980), bevor es zur ersten Auflösung kam. Es gab vier Wiederauferstehungen, mal herausragend (Ertegün-Benefiz-Konzert, 2007), mal unterirdisch (Live Aid, 1985), aber seit 15 Jahren herrscht Funkstille. Bei Queen (1970–1991) bleibt das Erbe nach Freddie Mercurys Tod lebendig, zwischen den Projekten mit Paul Rodgers und Paul Lambert als „neue Sänger“ vergingen aber immer wieder lange Jahre der Stille.

Die Eagles brauchten allein 14 Jahre, bevor sie sich nach der ersten Auflösung wieder zusammenfanden. Genesis kommen zwischen der Gründung (1967) und der offiziellen Auflösung (Frühjahr 2022) auf 55 aktive Jahre, allerdings waren die „Ruhephasen“ nach Phil Collins’ zwischenzeitlichen Ausstiegen rund 20 Jahre lang. Noch zwei Jahre älter sind Pink Floyd (gegründet 1965) und auch sie leben noch, wie eine Ukraine-Benefiz-Single 2022 zeigt. Aber das dürfte ein einmaliger Wimpernschlag der Wiederauferstehung gewesen sein. Nach dem Streit, der die Band 1985 explodieren ließ, waren die Pausen in den „Band-Trümmern“ immer größer als die aktiven Zeiten, 2015 hieß es offiziell: tschüs.

Am längsten „an einem Stück“ im Geschäft sind von den ganz Großen die Rolling Stones (gegründet 1962) und AC/DC (gegründet 1973). Und, ja gut, U2 (gegründet 1976), Metallica (gegründet 1981) und Bon Jovi (gegründet 1983) kann man als „Jungkrokodile“ der neuen Generation ruhig dazuzählen.

Die Kelly Family in einem Atemzug mit diesen Größen der Musikgeschichte? Locker! Seit 1974, also seit fast 50 Jahren, machen die Kellys professionell Musik, auch wenn sie davon anfangs gar nichts ahnten. In den bald fünf Jahrzehnten erlebten sie als Einheit mindestens drei Karrierephasen, die von ganz unten nach ziemlich weit oben führten, dazu kommen die Solo-Erfolge der Bandmitglieder.

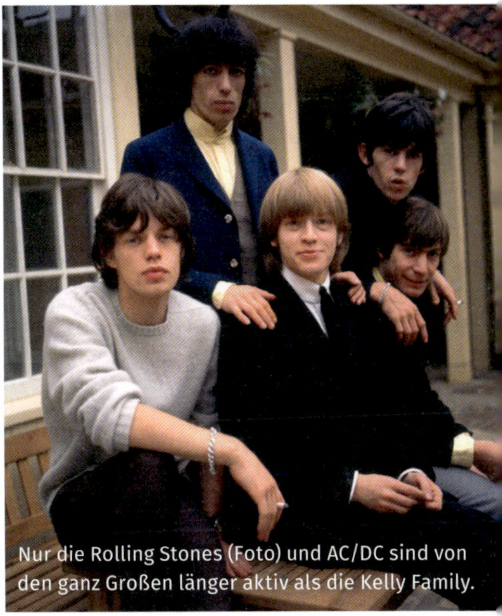
Nur die Rolling Stones (Foto) und AC/DC sind von den ganz Großen länger aktiv als die Kelly Family.

Natürlich haben die vorgenannten „Musik-Reptilien“ mehr weltweite Plattenverkäufe vorzuweisen als die Kellys mit ihren „nur“ rund 25 Millionen. In Deutschland aber sieht es anders aus. Da lassen die Kellys laut Wikipedia mit rund 6,5 Millionen verkauften LP-Einheiten die Giganto-Kollegen von U2 (5,9 Mio.), Genesis (5,8 Mio.), Bon Jovi (5,1 Mio.), auch die Rolling Stones (5,3 Mio.) und erst recht Led Zeppelin (4,1 Mio.) hinter sich.

„Over The Hump“, ihr erfolgreichstes Album (1994), ist mit 3 Millionen verkauften Einheiten (gleichauf mit Phil Collins’ Solo-Werk „… But Seriously“) die in Deutschland am drittmeisten verkaufte LP. Die Plätze davor belegen der Soundtrack von „Dirty Dancing“ (3,25 Mio.) und Herbert Grönemeyers „Mensch“ (3,15 Mio.). In dieser Hinsicht ist die Kelly Family also das größte Krokodil in Deutschland – es gibt kein erfolgreicheres Album einer anderen Band.

Zahlen & Fakten

1 Nummer-eins-Hit hatte die Kelly Family jeweils in Deutschland, Österreich und der Schweiz. In Österreich gelang dies mit „An Angel" (1994), bei den Eidgenossen und bei uns schaffte jeweils „I Can't Help Myself" (1996) den Sprung nach oben.

3 Lieder der Kelly Family standen am 23. Januar 1997 unter den Top 4 der Bravo-Leser-Charts. „Every Baby" (2.), „Fell In Love With An Alien" (3.) und „I Can't Help Myself" (4.) sorgten für einen Rekord, der seither nicht mehr gebrochen wurde.

8 Minuten dauerte es am 5. November 2016, dann waren alle 15.000 Tickets für das Comeback-Konzert der Kelly Family am 19. Mai 2017 verkauft.

9 Konzerte gaben die Kellys 1995 in der Westfalenhalle Dortmund. Alle waren ausverkauft, was fast 150.000 Zuschauer bedeutet. Ein Rekord, der heute noch Bestand hat.

25-mal erschien ein Mitglied der Kelly Family auf dem Cover der Bravo, erstmals in Ausgabe 33/1994 und letztmals in Ausgabe 23/2000.

26 Singles platzierte die Kelly Family zwischen 1980 und 2021 in den deutschen Single-Charts. Der erste Hit war „David's Song", der bislang letzte „One More Happy Christmas".

61 Platin-Platten (und 31 Goldene Schallplatten) wurden der Kelly Family im Laufe der Jahre als Auszeichnung für Plattenverkäufe überreicht. 17 davon gab es in Deutschland. Aber auch in Australien und Neuseeland wurden die Kellys mit je einer Platin-Platte geehrt.

111 Wochen war das Album „Over The Hump“ in den offiziellen deutschen Charts notiert. Zunächst 110 Wochen am Stück (vom 19. September 1994 bis zum 4. November 1996) und dann noch einmal am 19. Juni 2020. In den Bravo-Leser-Charts hielt sich die LP (in den TopTen) noch 4 Wochen länger.

700 veröffentlichte Songs listet die Fan-Website www.kellyfamilysite.de auf, inklusive eines Hidden-Album-Tracks, Interviewmitschnitten fürs spanische Radio und diversen Liedversionen (allein von der Single „First Time“ gibt es 16).

1461 Tage hatten die Jahre 1991 bis 1994 (1992 war ein Schaltjahr) – an 840 davon spielten die Kellys in Fußgängerzonen, bei Stadtfesten oder in Konzerthallen. Dabei absolvierten sie bis zu vier Auftritte täglich. Spätestens mit Einsetzen der Kellymania 1994 waren Straßenkonzerte aus Sicherheitsgründen nicht mehr möglich.

280.000 Fans kauften sich am 17. Juli 1996 die nagelneue Kelly-Family-Single „I Can’t Help Myself“ innerhalb der ersten 24 Stunden nach ihrer Veröffentlichung – Rekord.

8,89 Millionen Zuschauer sahen am 25. Februar 2001 die Erstausstrahlung von „Tatort: Mördergrube“. Im Krimi mit den Kölner Kommissaren Ballauf (Klaus J. Behrendt) und Schenk (Dietmar Bär) war ganz kurz einer der Kelly-Family-Tourbusse zu sehen – und zwar das „Cabrio“-Modell ohne Dach.

600 Millionen Asiaten sahen den ersten TV-Auftritt der Kelly Family am 10. Mai 1996 im Fernsehen. Die Show über das Festival „Rainbow Around The World“ in Peking, bei dem die Kelly Family als einzige europäische Band auftrat, wurde in China, Thailand, Südkorea und Malaysia ausgestrahlt.

Daniel Langstrumpf

Lehrer, Antiquitätenhändler, Schweinezüchter, liebender Ehemann, strenger Vater, loyaler Freund, grimmiger Gegner, cleverer Geschäftsmann, knallharter Verhandlungspartner. Das alles war Daniel Jérome Kelly. Aber er war auch Visionär und Rebell, Freigeist und Despot, Habenichts und Millionär, Taugenichts und Alleskönner. Ein querdenkendes Schlitzohr, ein leidenschaftlicher Lebenskünstler. Und noch viel mehr ...

Ob Dan Kelly ein Fan von Pippi Langstrumpf war? Immerhin mochte er Märchen und Volkslieder und setzte beides ein, als er seine Kinder in Eigenregie unterrichtete. Er hätte auf jeden Fall einen guten Verwandten des schwedischen Supermädchens abgegeben, das 1941 der Fantasie von Astrid Lindgren (eigentlich ja deren Tochter Karin) entsprang. Denn so wie Pippi in der deutschen Version ihres Titelliedes singt, machte auch Dan Kelly die Welt „widdewiddewie" sie ihm gefiel: Fester Wohnsitz? Schulsystem für die Kinder? Steuern?
Pff, total überschätzt!

Dan Kelly wurde ein cleverer Aufmüpfiger, ein Robin Hood zu seinen Gunsten, dabei hatte er sich eigentlich für einen gänzlich gegensätzlichen Weg entschieden. Denn der Mann mit dem erzkatholischen, irischen Erbgut wollte Jesuitenpriester werden. Also schon damals schlummerte das Besondere in Dan Kelly. Einfach gläubig sein reichte dem frommen Daniel (sein biblischer Name, den ihm seine Eltern John und Caroline gaben, bedeutet „Gott ist mein Richter") nicht, da sollte schon das Maximale her: Der Jesuitenorden war lange eine sehr unpopuläre Ordensgemeinschaft, wurde verschiedener Verschwörungen verdächtigt und deshalb mindestens schräg angeschaut, gern aber auch verfolgt und zeitweise sogar verboten.

Das alles focht Dan nicht an, eher im Gegenteil. Er siedelte nach der Schulzeit nach Rom – Sitz des Jesuitenordens – über und

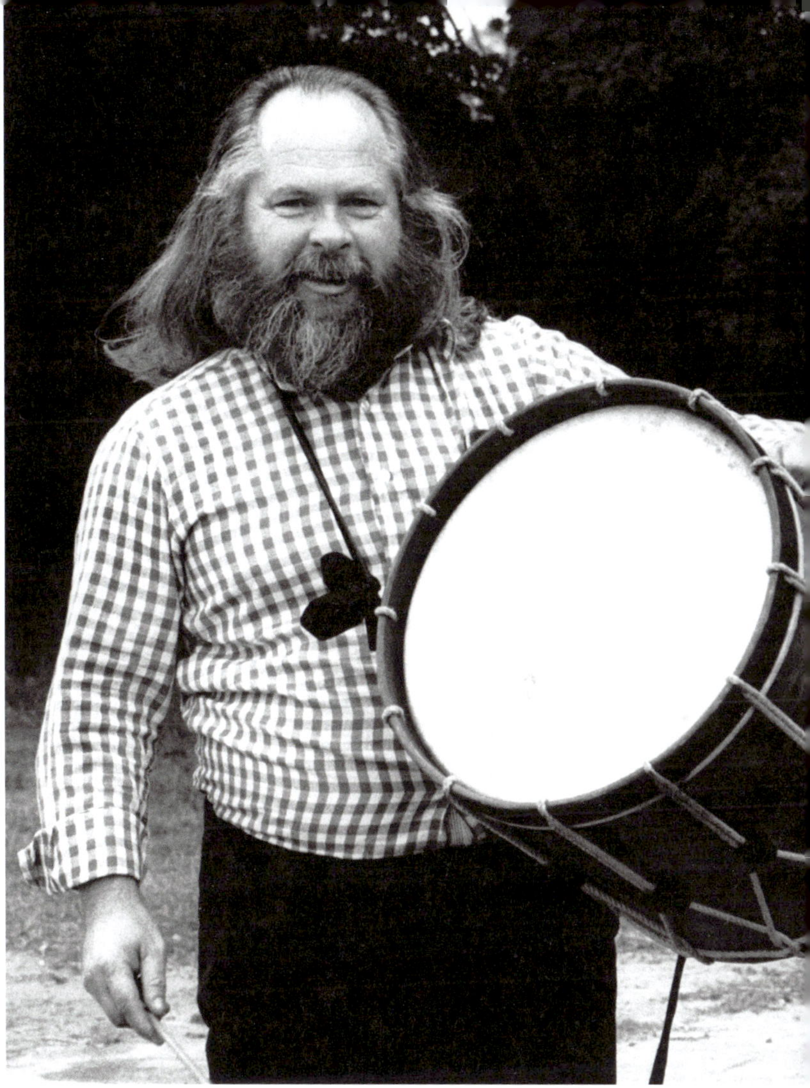

Daniel Jérome Kelly (hier im Jahr 1979) liebte es stets, den Takt vorzugeben – und haute auch gern mal auf die Pauke.

studierte eifrig und erfolgreich, erst Religionswissenschaften, später Philosophie und Mathematik: Dan Kelly stand nur wenige Wochen vor seiner Weihe, als er einen Sinneswandel erfuhr. Er kehrte Rom und der Zukunft als Priester den Rücken, eilte heim nach Amerika und wurde lieber Highschool-Mathelehrer.

Vielleicht war Dan noch gerade rechtzeitig über das Jesuitengebot der „Ehelosigkeit“ gestolpert. Das wirkt verständlich, wenn man Dans familiäre Abstammung (er ist selbst eines von neun Geschwistern) berücksichtigt und geradezu instinktsicher, wenn es um die Zukunft (er sollte es auf 13 Kinder bringen) geht.

Die anderen Kernelemente der Glaubensgemeinschaft – „Armut“ und „Gehorsam“ – sollten Dan nachhaltig verfolgen: In „Armut“ lebten die Kellys immer wieder mal. „Gehorsam“ wurde zu einer der tragenden Säulen des von „Papa Dan“ gegründeten Imperiums. Ignatius von Loyola, der wichtigste Mitbegründer des Jesuitenordens, der „Gesellschaft Jesu“, forderte bedingungslosen und wörtlich blinden Gehorsam gegenüber der katholischen Kirche. Sein Gebot „Wir müssen, um in allem das Rechte zu treffen, immer festhalten: Ich glaube, dass das Weiße, das ich sehe, schwarz ist, wenn die Hierarchische Kirche es so definiert“ muss Daniel besonders gefallen haben. Er setzte es innerhalb des Familienunternehmens ein und forderte absoluten Gehorsam – sich selbst gegenüber.

Dan Kelly blieb nicht ehelos, sondern heiratete zweimal (als Katholik gar nicht so einfach) und er wurde reich. Was den Gehorsam angeht: Viele wähnten ihn innerhalb der Familie auch als Despoten oder Diktatoren. Aber gottesfürchtig blieb er stets und er erzog auch seine Kinder im Zeichen des Glaubens.

Eine weitere Grundlage der Jesuiten ist die besondere Verehrung und der absolute Gehorsam gegenüber dem Papst. Deshalb bescherte der 9. September 1995 sicher einen der überwältigendsten Momente in Dan Kellys Leben.

Im italienischen Loreto, dem nach dem Petersdom zweitwichtigsten Wallfahrtsort der Katholiken, kam die europäische Glaubensjugend zum „EurHope“-Event zusammen. In der 12.000-Einwohnergemeinde feierten über 100.000 Jugendliche aus aller Welt und beteten mit Papst Johannes Paul II. für den Frieden auf dem Balkan. Beim mehrstündigen Festival trat, auf dem Höhepunkt der Kellymania, die Kelly Family auf und sang – natürlich – „An Angel“. Danach warf sich Paddy dem Kirchenober-

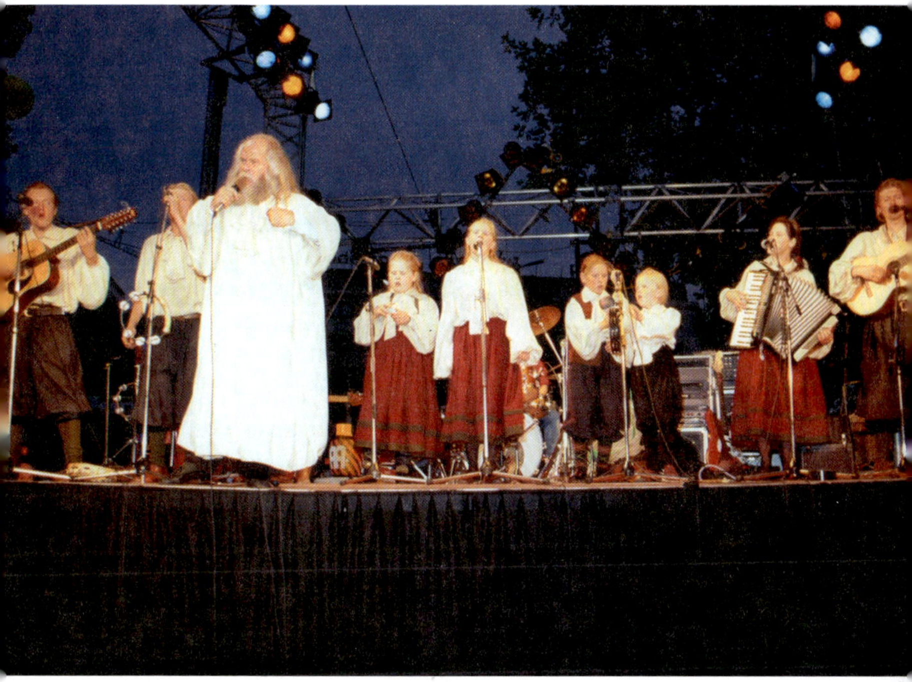

Dan Kelly stand (hier 1989 in Düsseldorf) bis zu seinem ersten Schlaganfall 1990 auch live in vorderster Front.

haupt zu Füßen, küsste dem Papst die Hand und stellte seine Geschwister vor, inklusive seinen kleinen Neffen Sean, der grinsend über die Bühne tapste.

„Papa Dan" muss es zu Tränen der Rührung, Freude und Dankbarkeit getrieben haben. Aber vollkommen war das Glück nicht. Ähnlich wie Moses, der zwar den Weg ins gelobte Land wies, es aber nicht betreten durfte, blieb Dan das Treffen mit dem Papst, dem wichtigsten Menschen im Glauben der Jesuiten, auf der Bühne vor den Augen der Welt versagt.

Das kommt einem spanisch vor

Irisch? Deutsch? Nichts davon? Oder alles? Die ganze Story der Kelly Family kommt einem jedenfalls ziemlich spanisch vor ...

Ja, das würde irgendwie passen zu Folklore, Pipes und Sackgedudel, aber: Die Kelly Family ist keine irische Band. Die irische Staatsangehörigkeit bekamen die Kinder erst lange nach der Geburt. Paddy, der drittjüngste Spross, mal ausgenommen, denn der wurde auf der grünen Insel geboren – und zwar als einziger.

Und auch wenn es den Deutschen gefiele, mit ihren pittoresken Fußgängerzonen und Flohmärkten, wo sich die Kellys in Ersteren erst die Finger wund spielten und die Fans dann auf Letzteren die Outfits nachkauften: Die Kellys sind auch keine deutsche Band. Obwohl sie die meiste Zeit ihrer Karriere wohl hierzulande ihren Wohnsitz hatten – egal ob vorübergehend auf Zeltplätzen oder Bauernhöfen beziehungsweise dauerhafter in einem Hafenbecken oder einem Schloss. Und immerhin: Mit Maite erblickte ein Kind auch als allererstes deutsches Licht.

Trotzdem: Der Ursprung der Kelly Family liegt in Amerika. Da hatte es Daniels Großvater Sean O'Kelley auswanderungshalber als Achtjährigen hin verschlagen. Und dort kamen auch Daniels und seine beiden Ehefrauen zur Welt, ohne die das „Projekt Großfamilie" nicht möglich gewesen wäre. Ansonsten ging Dan das Konsumstreben und die Oberflächlichkeit der US-Gesellschaft mehr und mehr auf die Nerven.

Die antiamerikanische Legende sagt: Eines Tages kam der hart arbeitende Lehrer Daniel Kelly in Leominster nach Hause zur vierköpf'gen Kinderschar – aber keiner der Sprösslinge wollte mit Papa spielen, weil im Fernseher eine Zeichentricksendung lief. Da hat „Papa Dan" der heilige Zorn gepackt und er wiederum das TV-Gerät. Er warf es zum Fenster hinaus, dann die Habseligkeiten der Familie in ein paar Koffer und wenig später hieß es: „Viva Espana"!

Fakt ist: 1966 verließen Daniel und Janice Kelly mit vier Kindern, die alle in Leominster geboren worden waren, den US-Staat Massachusetts und zogen nach Gamonal in der Provinz Toledo. 800-Seelen-Dorf in der spanischen Pampa statt 30.000-Einwohner-Tristesse vor den Toren Bostons.

Warum Spanien? Dan Kelly suchte das schlichte, das bodenständige, das ursprüngliche aber freie Leben. Monate vor dem Umzug besuchte er (mit der sechsjährigen Tochter Caroline) seinen Bruder in Madrid und wurde 130 Kilometer südlich der Metropole fündig: Das Anwesen Calle José Antonio No. 17 erfüllte Dans Träume vom Einfachen: groß genug für die wachsende Familie und den angestrebten Antiquitätenhandel, weit entfernt vom amerikanischen Kommerz und vor allem dem Schulsystem. Es gab weder Strom noch Telefon (das gab's im ganzen Dorf nicht) und auch kein warmes Wasser. Dafür aber Platz für alle und einen großen Kamin mit reichlich gemütlichem Wohnzimmer drum herum.

Von hier aus eroberten die Kellys die Welt. Die spanische Provinz machte es als musikalische Keimzelle und familiäre Heimat (hier kamen fünf Kinder zur Welt) möglich, dass die Kelly Family am Ende zu einer Band für alle wurde und dies auch stolz auf dem ersten Familien-Tourbus als Motto kundtat: „The World's Their Castle" – die Welt ist ihre Burg!

1966 verließ Familie Kelly die US-Kleinstadt Leominster und ließ sich im spanischen Dorf Gamonal (Foto) nieder.

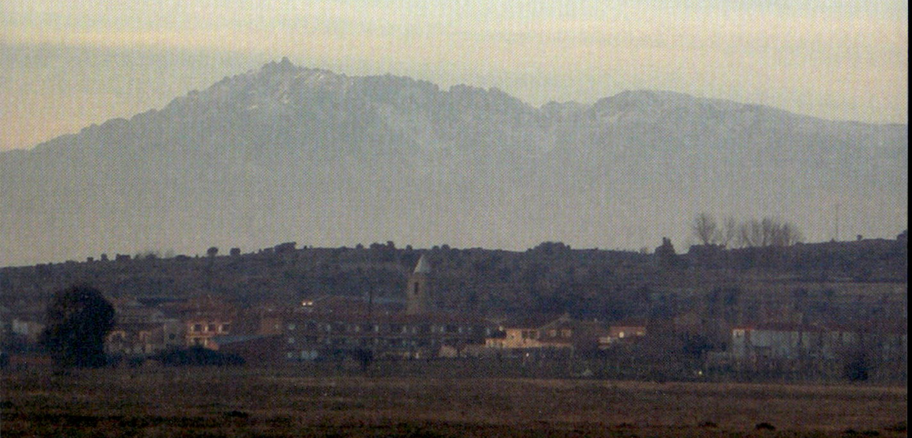

Die Kelly-Königinnen

„Hinter jedem erfolgreichen Mann steht eine starke Frau", heißt es. Im Falle des Daniel Kelly waren es vier. Mindestens. Daniel Kelly war zweifellos ein wackerer Streiter. Aber ohne die Frauen an seiner Seite wäre er vermutlich brachial gescheitert. Es sind recht tragische Heldinnen.

JANICE MARIE QUINT

Wer liebt, lässt los

Janice Marie Quint (geb. 1. Juli 1935) war knapp 20 Jahre alt, als sie Daniel kennenlernte. Für ihren Vater Howard, einen Bankangestellten, muss der strebsame Lehrer (anfangs) ein Traumschwiegersohn gewesen sein. Hochzeit war schon im Juni 1956. Schon kurz danach zog es Dan aber beruflich in die Ferne – ausgerechnet nach Liechtenstein, wo das junge Paar für zwei Jahre in Triesenberg Quartier bezog. Dort, beziehungsweise im 30 Kilometer entfernten Chur (Schweiz), brachte Janice das erste gemeinsame Kind, Daniel junior, zur Welt. Wieder daheim in Massachusetts folgten vier weitere: Caroline, Kathleen „Kathy" Anne, Patricia Suzanne und Paul.

Das Schicksal sorgte für Risse im Glück. Danny war geistig behindert zur Welt gekommen. Noch fataler: Patricia kam bei einem Familienurlaub ums Leben. Sie ertrank beim Spielen im Nubanusit Lake, etwa eine Autostunde von Leominster entfernt. Eine Konsequenz des tragischen Unglücks war, dass Daniel eine Haushaltshilfe, Barbara-Ann Suokko, einstellte. Die dramatischere Folge: Die Liebe zwischen Janice und Dan schwand. Joey Kelly später: „Die erste Ehe ging in die Brüche, als Patricia starb."

Aber noch hielt Janice durch. Auch als Dans Weltfluchtpläne konkreter wurden. Sie brachte bereits ein Opfer, als sie ihm nach

Gamonal in die spanische Einöde folgte. Dort aber musste sie schnell erleben, wie sich ihr Daniel in die Haushaltsgehilfin verliebte. Das muss ziemlich fix gegangen sein, denn schon im März 1967, also noch im Jahr nach dem Umzug, war die Folge der frischen Liebe für alle sichtbar – und wurde Juan Miguel (John Michael) getauft.

Was bewog Janice, auch dies zu ertragen? Es muss die Liebe zu ihren Kindern gewesen sein. Sie ahnte wohl, dass der Abschied eine Trennung für immer bedeuten musste. So kam es auch, als sie – endlich – allein nach Amerika zurückkehrte: Jahrzehntelang gab es keinen Kontakt zu den Kindern und im spanischen Hause Kelly war Janice fürderhin als Thema tabu. Joey erzählte: „Mir wurde erst mit 13 von einem Cousin gesagt, dass Caro, Kathy und Paul eine andere Mutter hatten. Patricia erfuhr es noch später."

Kathy Kelly stellte erst 2000, 30 Jahre nachdem Janice Spanien verlassen hatte, den Kontakt zu ihrer Mutter wieder her. Bis zu deren Tod im Jahr 2018 trafen sie sich jährlich mindestens einmal. Janice fand in Amerika ein neues Glück, heiratete wieder, wurde nochmals Mutter.

„Sie ist die größte Heldin", spricht Kathy voller Hochachtung und Liebe von ihrer Mama. „Loslassen, so heißt es, ist der größte Liebesbeweis. Und das hat sie getan. Wenn sie mit meinem Vater um mich und meine Geschwister gekämpft hätte – es hätte uns alle zerrissen."

BARBARA-ANN SUOKKO

Liebe über den Tod hinaus

Was hätte aus Barbara-Ann Suokko werden können? Sie war ein intelligentes (High School-Abschluss mit Auszeichnung), hübsches und beliebtes (sie wurde zur Abschlussball-Königin gewählt) und talentiertes (Schauspiel, Ballett) Mädchen. Aber sie verliebte sich in Daniel Kelly, dessen Schülerin sie gewesen war. Erst half sie Janice Kelly im Haushalt und Dan beim Antiquitätenhandel, dann gewann sie des Letzteren Herz, und schenkte ihm zwischen 1967 und 1981 acht Kinder.

Barbara-Ann musste um ihr Liebesglück kämpfen. Ihre Mittelstandseltern, der aus Finnland stammende Victor (Gebrauchtwagenhändler) und die deutschstämmige Barbara-Ann (Krankenschwester), waren aufrechte Protestanten und von daher überhaupt „not amused“, als ihre Tochter sich in einen verheirateten (!) Katholiken (!!) verknallte. „Das war in den 60ern ein No-Go“, schilderte Joey Kelly. Der Altersunterschied von fast 16 Jahren zwischen Dan und seiner Umschwärmten machte es nicht besser, denn, so Joey: „Mein Vater war so alt wie meine neue Oma.“

Man kann sich also fast bildlich vorstellen, wie viel grobes Sackleinen theatralisch zerrissen wurde, wenn Barbara-Anns Eltern über den vermeintlichen Irrweg ihrer einzigen Tochter jammerten. Aber Barbara sah das anders und setzte sich durch: Nachdem sich Dan und Janice (erst) 1969 scheiden ließen, feierten sie am 6. November 1970 Hochzeit. Da war das zweite Kind, Maria Patricia (benannt nach der verstorbenen Halbschwester), schon fast ein Jahr alt – und Barbara-Ann schon wieder schwanger.

Nach der Hochzeit blieb Barbara-Ann noch ein knappes Dutzend Jahre. Abenteuerliche, entbehrungsreiche, aber glückliche. Joey hielt „Mama Kelly“ so in Erinnerung: „Meine Mutter war voller Energie. Sie hat den Laden geschmissen. Wir hatten nix, aber es hat uns an nichts gefehlt. Sie hat nie gejammert und hat immer ein Lächeln gezeigt.“

„Wir schaffen das!“ Angela Merkel sagte es 2015, Barbara-Ann lebte es schon Jahrzehnte vorher, und sie blieb diesem Credo auch treu, als sie im Oktober 1981, gerade mit ihrem achten Kind schwanger, einen Knoten in ihrer Brust feststellte. Die Untersuchung bestätigte: Brustkrebs! Die Ärzte zeigten die Alternativen auf: Entweder eine vermutlich lebensrettende Chemotherapie, die allerdings den Fötus töten würde. Oder erst das Kind austragen und danach, eventuell aber zu spät, eine Chemo einsetzen. Die Botschaft: Wir können nur ein Leben retten.

Barbara-Ann Kelly zagte und zweifelte nicht: „Ich habe ja gar keine Wahl. Erst wird das Kind auf die Welt gebracht, dann sehen wir, ob ich eine Chance habe. Basta." Es geschah, wie von ihr entschieden. Am 23. Dezember 1981 brachte sie Angelo zur Welt, per Kaiserschnitt, weil sie bereits recht schwach war. Danach wurde mit der Chemo-Behandlung begonnen, aber nach anfänglicher Hoffnung zeigte sich rasch, dass es zu spät war und sich Barbaras Wunsch nach 15 eigenen Kindern nicht erfüllen würde.

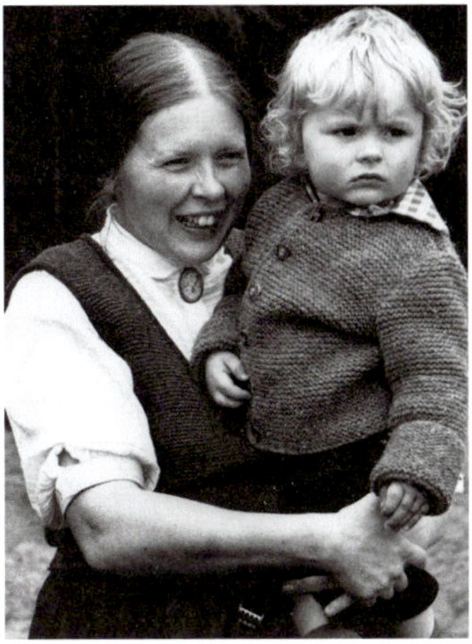

Beim Besuch der IFA 1979 in Berlin trägt Barbara-Ann Paddy auf dem Arm und Maite unterm Herzen.

Sie verstarb am 10. November 1982 im spanischen Belascoáin. Ihr Mann und ihre Kinder nahmen am Sterbebett Abschied. Ihre letzten Worte lauteten: „Keep on singing!" Sie wurden zum (Über-)Lebensmotto der Familie.

CAROLINE KELLY

Trennung aus Pflichtgefühl

Joey Kelly sagte: „Ich war zehn, als meine Mutter starb. Es war eine Katastrophe." Wie wird sich seine Halbschwester Caroline gefühlt haben, als deren Mutter Janice 1969 – da war Caroline auch zehn – plötzlich auf Nimmerwiedersehen aus ihrem Leben verschwand? Caroline musste schnell funktionieren. Als zweitältestes Kind wuchs sie rasch in eine „Unteroffiziersrolle": der „neuen Mutter" helfen, dem Vater zur Hand gehen, den Geschwistern Musikunterricht geben, sich um den autistischen älteren Bruder kümmern.

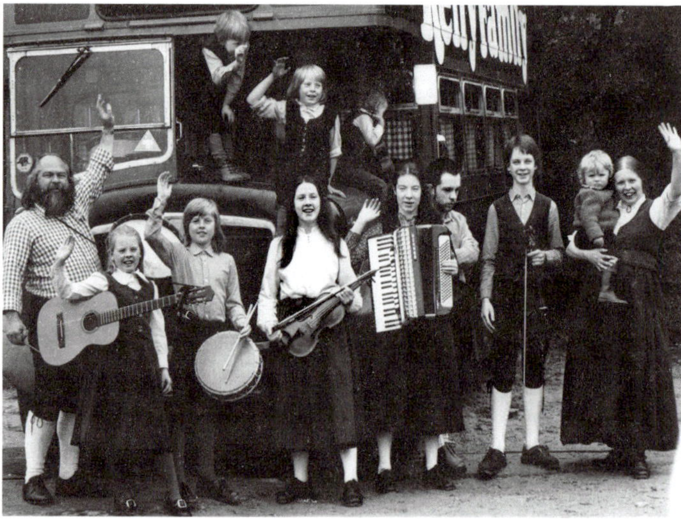

Die Kelly Family machte 1979 Station in Berlin: Joey, Jimmy, Barby (auf dem Bus v. l.), Dan, Patricia, John, Kathy, Caroline, Danny, Paul, Barbara-Ann mit Paddy (stehend v. l.)

Caroline war mit ihrem jüngeren Bruder Paul die tragende musikalische Säule der „Kelly Kids“, die 1973 begann, als Gruppe zu musizieren. Erst im Dorf für andere Kinder, dann ab 1975 auch auf Dorffesten der Umgebung, schließlich im ganzen spanischen Baskenland. Caroline machte die Musik „viel Spaß“, aber sie begann, sich für Heilkunde und Krankenpflege zu interessierten, unterstützt von Fernando Sanz Posa, einem Freund der Familie, der damals Medizin studierte (siehe Seite 31).

Carolines Interesse und ihr Pflichtgefühl führten schließlich zur Trennung: Sie war jene, die den körperlich erwachsenen, aber geistig kindlichen Danny am besten umsorgen konnte. Als „Papa Dan“ die Familie im Spätherbst 1980 zum Überwintern in Richtung Irland karrte, blieb Caroline, damals 21, allein mit Danny, 24, in Belascoáin zurück. 1983 reisten sie und Danny nach Amerika und kehrten nicht zurück. Sie machte ihre Passion zum Beruf und wurde Krankenschwester. Sie heiratete zwar, aber Mutter wurde sie nicht. Danny musste stets betreut werden, was mehrere Kelly-Verwandte organisierten. Er lebte in Massachusetts, wo er im Alter von 59 Jahren starb. In der Kleinstadt Beverly, nur zwei Kilometer von Peabody, dem Geburtsort seiner Mutter Janice, entfernt.

Caroline hatte mit der Kelly Family 20 Jahre lang nichts zu tun. Erst als ihr Vater im Sterben lag, kehrte sie erstmals nach Europa zurück, später für ein paar Überraschungsauftritte während der „Stille Nacht“-Tour (2011) sogar auf die Bühne. Zuletzt traf sie sich mit Kathy, Patricia, Paul, John, Jimmy und Joey für Aufnahmen für die bewegende RTL-Zwei-Doku „Die Reise geht weiter“ zum Comeback 2022 und reiste mit ihren Geschwistern unter anderem nach Rom, Dublin und Paris.

KATHLEEN ANNE KELLY

Die Opfer der Ballerina

„Ich hatte nie eine richtige Mutter“, sagte Kathy Kelly in einem Interview. Nachvollziehbar: Ihre leibliche Mutter verließ die Familie 1969. Dann sollte sich die damals Achtjährige an die „neue Mama“ Barbara-Ann gewöhnen. Das fiel nicht so leicht: „Ich war als Kind ziemlich wild.“

Die eigentliche Bewährungsprobe folgte, als Stiefmutter Barbara-Ann (über die Kathy nie ein schlechtes Wort verlor) erkrankte und starb und Kathy plötzlich mit 21 die „Mutter der Kompanie“ wurde. Eigentlich mehr als das, denn nach dem Tod seiner zweiten Frau war mit „Kompaniechef“ Dan Kelly wenig Staat zu machen: „Wir waren moralisch und finanziell am Ende“, beschrieb es Joey und ausgerechnet jetzt war „unser Vater am Boden zerstört“, wie es Patricia formulierte. Das ist nur die halbe Wahrheit, denn Dan Kelly war krank. Alkoholkrank, seit Jahren schon, jetzt in der Verzweiflung aber kraft- und wehrlos.

Die „erwachsenen“ Kinder Kathy und Paul (18) hielten den Vater und die anderen Kids über Wasser. Schon während der

Krankheit von Barbara-Ann hatte Kathy die „Kelly Kids“ auf Tingeltour durchs Baskenland angeführt, um bei Straßenkonzerten Geld für die Behandlung zu sammeln, jetzt ging es einfach nur um eines: „Wir mussten ums Überleben singen.“

Kathy Kelly, die Primaballerina! Kathy Kelly, Geigenvirtuosin! Headlines, die möglich waren, denn das Talent war da. Aber es kam anders. Auch Kathy wurde eine Meisterin des persönlichen Verzichts, des Opferns eigener Träume für die des Vaters. In Pamplona studierte sie einst (auf Anregung von Barbara-Ann!) Ballett. Mit dem Abschluss als Primaballerina ließ sich aber nichts anfangen, weil Vater Dan die Zukunft der Kelly Kids in der Musik sah. Dadurch begab es sich immerhin, dass Kathy im Sommer 1976 in Rom während der Kelly-Straßenmusik vom renommierten österreichischen Violinisten und Musikpädagogen Professor Thomas Christian (siehe Seite 32) entdeckt wurde. Er drängte sie regelrecht, in Wien am Konservatorium Geige zu studieren. Sie tat es, anfangs, mit 15 Jahren. Aber als 1979 plötzlich der erste Plattenvertrag und -erfolg und damit Bandverpflichtungen folgten, war's schnell ums Studium geschehen.

Kathleen Anne Kellys Weg hätte anders verlaufen können. Aber er war und ist spannend genug: in der Familie Musikantin der ersten Stunde, Produzentin der meisten Platten, „Teamkapitän“ und verlängerter Arm des Vaters und Managers. Eine tragende Säule, die ihren Geschwistern Ersatzmutter war, selbst früh Mutter wurde und die vor allem auch den Vater stützte. Nicht nur in der Pariser Zeit wortwörtlich, als sie den betrunkenen Dan oft abends aus den Kneipen holte.

„Ich war schon als Kind sehr stark“, sagte Kathy mal in einem Interview. Das ist sie geblieben, und das galt für alle „Königinnen der Kellys“. Und für die „Prinzessinnen“: Auch Patricia, Barby und Maite mussten unter und mit Papa Dan sowie sechs Brüdern früh ihre Frau stehen.

Kathy studierte Geige und spielte bei den Kellys die erste Geige.
Sie war eine große Stütze für Patriarch Dan, nicht erst, als er krank wurde.

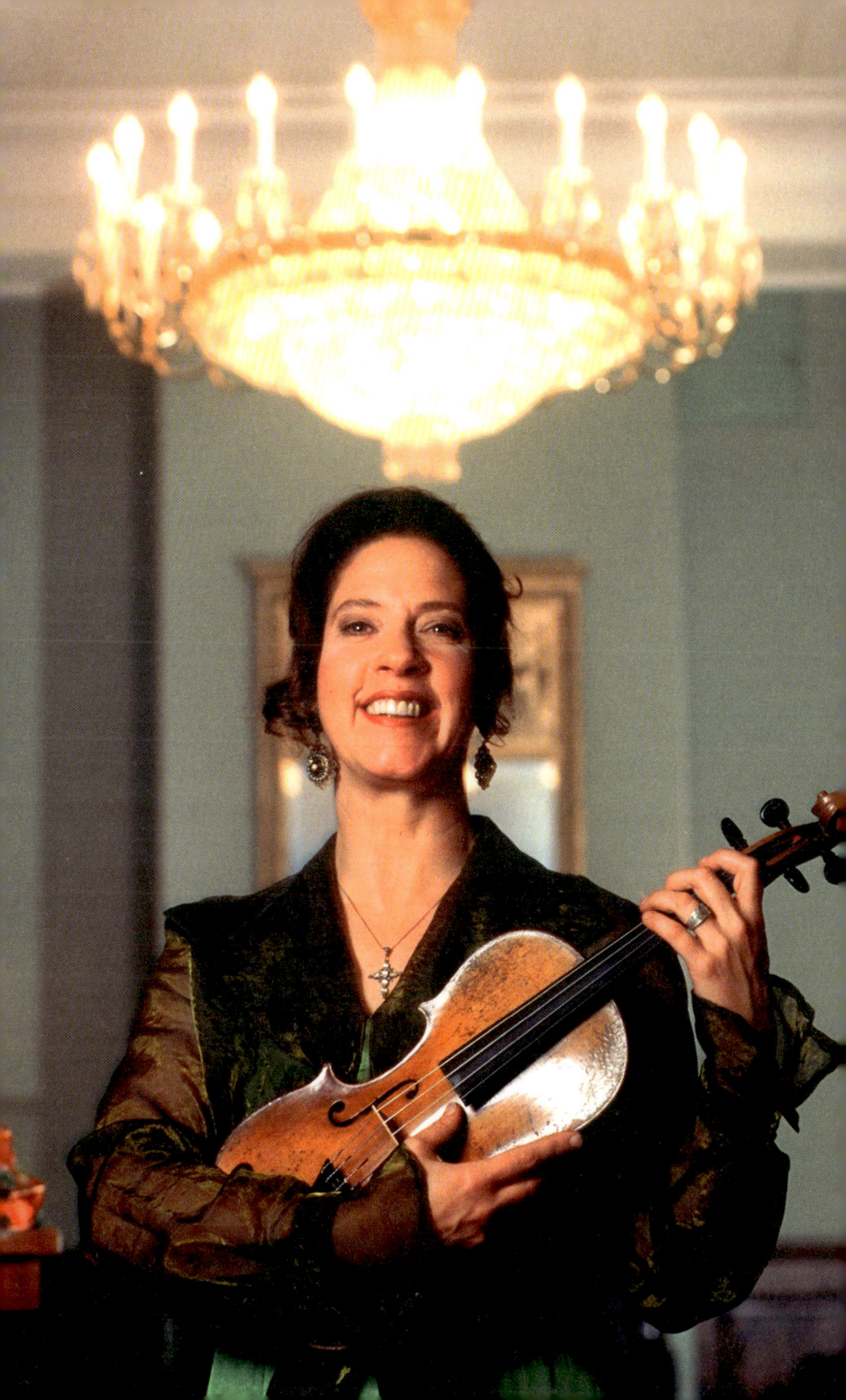

Aus Spaß wird Ernst

Musik war schon den Kelly-Vorfahren wichtig. „Mein Urgroßvater Sean kam damals mit nichts außer einer Geige nach Amerika", sagte Paddy Kelly einmal voller Pathos. Dass die Musik aber je eine so zentrale und gar überlebenswichtige Rolle spielen sollte, konnte niemand ahnen. Nicht einmal Dan Kelly.

Es gibt viele, die über Dan Kelly nicht nur Gutes berichteten. Aber nicht mal seine größten Kritiker könnten ihm vorwerfen, dass er seine Kinder von klein auf zur Karriere gedrillt habe. Nein, Papa Dan war kein Joseph Jackson (obwohl der immerhin auch elf Kinder in die Welt setzte), der Michael, den späteren „King of Pop", und die anderen kleinen Jacksons mit allen möglichen Utensilien zur Sangesdisziplin geprügelt haben soll und sie gar auf heißen Herdplatten tanzen ließ.

Dan Kelly hatte selten einen rigorosen Masterplan, aber jede Menge Ideen. Er war durchaus ehrgeizig und hatte seine Kinder für etwas Besonderes vorgesehen. Aber da ging es nicht um Ruhm und Reichtum, sondern in erster Linie um (Aus-)Bildung: Dan wollte besser sein als das amerikanische Schulsystem, er wollte es seinen Kritikern (auch in der eigenen Familie) zeigen: „Ich brauche das System nicht!" Deshalb sollten seine Kinder besser werden als „normale" US-Schulkinder.

Darum machte Dan Kelly seine Sprösslinge zu Schwämmen und ließ sie alles aufsaugen, was ihm interessant und gut erschien. Er unterrichtete sie in mehreren Sprachen. Er ließ sie, auch die Jungs, Ballett trainieren. Mutter Barbara-Ann zeigte den Kids die ersten Pliés, dann besuchten sie Musik- und Tanzschulen. Dan ließ sie Musikinstrumente erlernen, war selbst Lehrer oder engagierte welche, auch Freunde gaben Unterricht.

Weil die großen Kinder Instrumente spielten, eiferten die kleinen automatisch nach. Patricia wollte unbedingt bei den „Kelly Kids" dabei sein, sodass sie (dank Caroline) innerhalb kürzester Zeit Gitarre spielen lernte. Auch Angelo strebte später automatisch zur Musik: „Ich war zwei und stand hinten am Bühnenrand. Da bin ich nach vorne, hab das Mikro geklaut und habe losgekräht. Von da an durfte ich offiziell mitsingen."

Dan Kelly musste nicht antreiben. Die Kinder liebten die Musik. Denn es gab ja sonst nichts, weder Radio noch Fernsehen oder extravagantes Spielzeug. Man hatte sich – und die Musik. Man sang abends im Wohnzimmer, man kuschelte sich zusammen. Später, als die Kelly Family in alle Winde zerstreut war, sagte Patricia: „Am meisten fehlen mir diese Abende. Als wir zusammensaßen und sangen. Das vermisse ich."

Am Anfang war die Liebe zur Musik. Auch die ersten „Auftritte" waren spielerisch, man fiedelte und sang für die anderen Kinder von Gamonal oder dem nächsten Wohnort Ejea. Dass sich daraus mehr entwickeln könnte, fand man eher per Zufall heraus, als man auf dem Plaza Mayor in Madrid ganz spontan ein paar Lieder sang – und die begeisterten Passanten Geld spendeten.

Dan Kelly – Cleverle, das er war – erkannte bald die Möglichkeiten und ja, er reizte sie aus. Aber „schuld" an der Karriere der Kelly Family war jemand ganz anderes ...

Auf der Plaza Mayor (Hauptplatz) in Madrid verdienten die Kellys erstmals Geld mit einem spontanen Straßenkonzert.

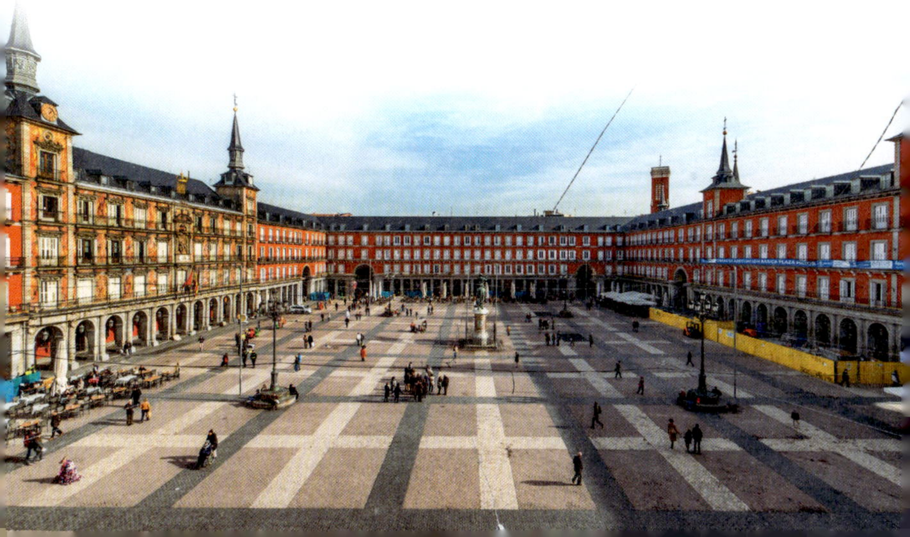

Grazie, Mascalzone!

Joey Kelly hat eine Botschaft an alle, die die Kelly Family nicht so leiden können: „Beschwert euch bei den Italienern!“

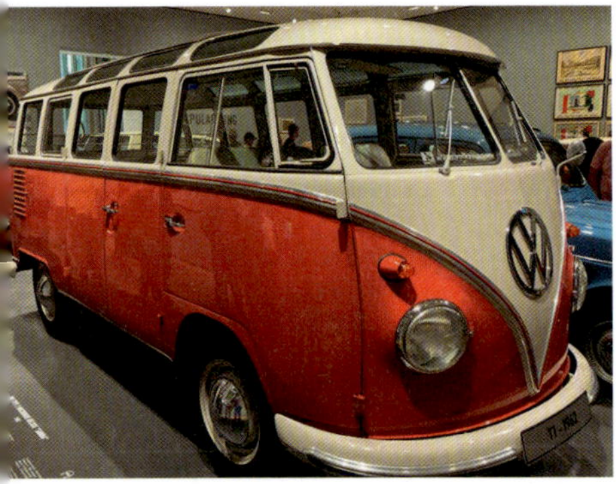

Der VW T1 Bus der Kellys – hier ein Exemplar im Guggenheim-Museum von Bilbao – wurde in Rom ausgeraubt.

Im Sommer 1976 hatte Dan Kelly eine Idee. „Ich zeige euch die Stadt, in der ich studierte.“ Sprach’s, lud seine (gerade elfköpfige) Familie und alle Musikinstrumente (On-Board-Entertainment muss sein!) in den VW T1 Bus und bretterte schlappe 1700 Kilometer von Belascoáin nach Rom.

Dort parkten sie ihren Wohnmobil-Bulli abseits des Trubels und machten Sightseeing. Als sie noch am Anreisetag vom Ausflug zum Kolosseum zurückkehrten, war der VW-Bus aufgebrochen und ausgeraubt, das Geld futsch. Die Diebe waren rüde, aber nicht musikalisch: Mit den teilweise sperrigen Instrumenten wollten sie sich nicht belasten.

Glück im Unglück! Denn Dan schaltete schnell. „Wir müssen was essen“, sagte er, wie sich Joey erinnerte. „Spielt, damit wir uns eine Mahlzeit leisten können. Singt um euer Leben.“

Dan stellte eine Büchse für Geldspenden auf. Am Abend war sie voll. Maite: „Papa sagte: ‚Kinder, heute hat sich unser Leben geändert.‘“ Denn Römer und Touristen gaben reichlich. „Aus der Not wurde ein Lebensweg“, so Maite.

Joey grinsend: „Die Diebe von Rom sind schuld an der Kelly Family. Die haben’s verbockt.“

Kelly-Fans: „Grazie, benedetti mascalzone!“ Danke, ihr gesegneten Halunken.

Grazie mille, cari Compagni!

Die Diebe von Rom blieben unerkannt. Anderen Menschen, die maßgeblich an der Entwicklung der Kelly Family zur erfolgreichsten Musikfamilie Europas beteiligt waren, lässt sich direkter „Vielen Dank, ihr lieben Kameraden“ sagen. Denn, es klingt unglaublich, auch Dan Kelly brauchte ab und zu Hilfe oder wenigstens einen glücklichen Zufall …

FERNANDO SANZ POSA

Spanischer Lebensretter

Im Frühling 1973 grämte sich der Medizinstudent Fernando Sanz Posa. Sein Studium in Madrid bereitete ihm Probleme, vor allem das Auswendiglernen und dies besonders im Fach Pädiatrie. Um einen klaren Kopf zu bekommen, ging er ins Museo del Prado bummeln. Dort lernte er Dan Kelly kennen, der gerade mit Kathy einen Museumsausflug machte. Man kam ins Gespräch und mochte sich. Der ehemalige Lehrer Dan beschloss, Fernando bei seinen Problemen zu helfen.

Posa bestand die Prüfungen und konnte sich zwei Jahre später revanchieren: Als es den Kellys finanziell richtig dreckig ging, lud er sie ein, vorübergehend in seinem Elternhaus in Ejea de los Caballeros zu leben. Die Geste war menschlich groß und wurde musikalisch wegweisend: Die Kellys zogen im Mai 1975 ein und hatten bereits im Juni ihr erstes richtiges Konzert: Posa und ein Nachbar, Ramón Gurría, hörten, dass im Nachbarort eine Tanzkapelle ausgefallen war und empfahlen die „Kelly Kids“. Der Auftritt wurde zum Riesenerfolg, die Karriere war gestartet.

Der Kontakt zu Posa und seiner Familie (Caroline: „Fernandos Mutter Carmen war wie eine Oma für uns.“) hielt lange und war herzlich. Fernando überlebte Dan um vier Jahre. Er starb am 10. September 2006 im Alter von 57 Jahren bei einem Motorradunfall. Er war als Arzt im Einsatz auf dem Weg zu einem Patienten.

ANDONI ESPARZA

Wegweisender Chorknabe

Andoni Esparza, damals Manager einer Getränkefirma in Belascoáin, saß Ende 1975 eines Abends in seiner Stammkneipe „Mesón del Caballo Blanco" in Pamplona, als plötzlich eine Truppe putziger Musikanten reinschneite und auf Geigen, Akkordeon und Trommeln spanische Volkslieder spielte und sang. Esparza war so begeistert, dass er seine Kumpels vom zufällig auch anwesenden Männerchor „Pamplonas Chamber Choir" bat, der singenden Familie einen besonderen, einen klingenden Dank zu erweisen: Die Gruppe sang den „Agur Jaunak", ein traditionelles Dankes- und Willkommens-Lied der Basken. Dan Kelly war so gerührt von der Geste und so berührt von dem Lied, dass er es 1978 als B-Seite der ersten offiziellen Kelly-Family-Single auswählte.

Andoni Esparza war aus einem weiteren Grund wichtig: Er verschaffte den Kellys ein Haus in Belascoáin, in das die Kellys 1976 einzogen und in dessen Nähe sie bald danach ihre Musikkneipe „El Viana" eröffneten. Hier spielten nicht nur die Kelly Kids regelmäßig, sondern auch spanische Musiker aus der Gegend. Unter anderem der Flamenco-Gitarrist Carlos Itoiz Aguirre. Der brachte auch ab und zu seine kleine Tochter Maite mit. Nach dieser wurde nicht nur Maite Kelly benannt, sondern sie wurde später auch Johns Ehefrau.

THOMAS CHRISTIAN

Das Genie lockt nach Wien

Mit elf Jahren Sieger eines landesweiten Wettbewerbs, mit 19 Solist in der New Yorker Carnegie Hall. Thomas Christian ist ein österreichisches Geigengenie. 1976, da war er 25, gastierte er in Rom und spazierte eines Nachmittags durch die Stadt, als er plötzlich wunderschöne Geigenklänge hörte. Er folgte den Tönen bis zu ihrer Quelle und stand schließlich vor Kathy Kelly, die mit

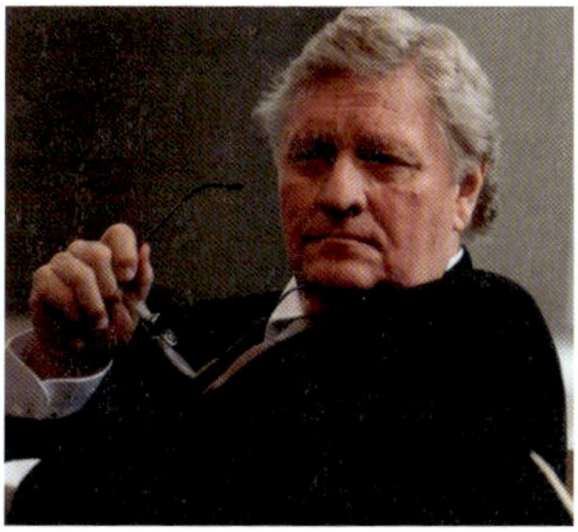

ihrer Familie in Rom Straßenmusik machte. In einer Pause bat er sie, für ihn das „Liebeslied“ von Robert Schumann zu spielen. Als sie es tat, war der österreichische Meister zu Tränen gerührt und lud Kathy ein, bei ihm in Wien zu studieren, was sie tat, bis der Erfolg der Kelly Family das Studium unmöglich machte.

Die Verbindung hielt: 2018 besuchte Christian eines der Kelly-Comeback-Konzerte und bei den „Gustav Mahler Musikwochen“ in Südtirol spielte am 17. Juli 2021 das Thomas Christian Ensemble – Kathy Kelly trat mit ihm als Sopran-Solistin auf.

BERNHARD PAUL

Clown trifft Clown

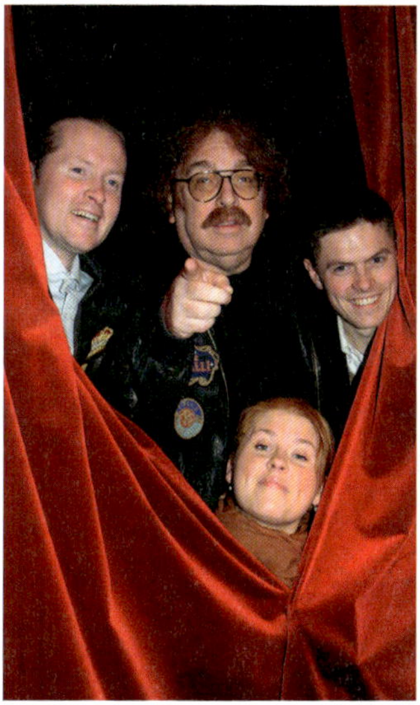

Bernhard Paul im Jahr 2004 mit Joey, Paddy und Patricia Kelly

Paul, Sohn einer österreichischen Handwerkerfamilie, hatte sich 1975 einen lang gehegten Traum erfüllt und mit André Heller den „Circus Roncalli“ gegründet. Im Herbst 1976 aber schien der Traum zu platzen: Heller und Paul hatten sich, nach nur dreimonatiger Premierentournee, derart gezofft, dass Heller ausstieg – und 42 Artisten mitnahm. Aber Paul wollte nicht aufgeben und suchte überall nach Ersatzleuten. Da fiel ihm in der Kärntnerstraße in der Wiener Innenstadt eines Tages ein

Musikerfamilie auf, die die Passanten begeisterte – die Kelly Family. Paul freundete sich mit Dan Kelly (ihre große Verbindung: Beide liebten es, den Clown zu spielen!) an und man half einander: Paul besorgte den Kellys eine Winterunterkunft (im Winterquartier des Zirkus) und die Kellys spielten ohne Gage als Zirkusmusikanten. Für die Saison 1977, inklusive der Auftritte im Rahmen der Wiener Festwochen, erarbeiteten Paul und die Kellys das gemeinsame Programm „Phantasie verboten".

Auch dieser Kontakt überdauerte die Zeit: 2004 kam es zum ersten Kooperations-Comeback, als die Kellys für eine modernisierte Variante von „Phantasie verboten" im Januar und Februar 20-mal mit dem Circus Roncalli in Oberhausen und Köln gastierten. Danach folgten noch drei weitere Programme mit Gastspielen: „Who'll Come With Me" (Winter 2005/06), „Music Meets Circus" (2006), „Circus Meets Music" (2008).

ANDREAS THIESMEYER

Der Mann mit dem Riecher

Es wurde schon Herbst, als Andreas Thiesmeyer 1978 durch die Nürnberger Fußgängerzone schlenderte. Er fröstelte, aber nicht lange: Er sah ein paar Straßenmusikanten, deren Spiel und Gesang sein Herz erwärmten. Und nicht nur seins: „Die Zuhörer hatten Tränen in den Augen", so rührte sie die Darbietung. Thiesmeyer, in München bei der Plattenfirma Polydor als Produktmanager zuständig, nahm sofort Hit-Witterung auf. Auf Thiesmeyers Empfehlung wurden die Kellys unter Vertrag genommen.

Ohne Thiesmeyers richtigen Riecher wäre die „erste Erfolgswelle" der Kelly Family 1979/1980 nicht möglich gewesen. Eine herzliche Beziehung entwickelte sich nicht. Thiesmeyer wurden in einer „Stern"-Reportage 1996 einige wenig nette Zitate („Es ist fast wie in einer Sekte.", „Dan Kelly treibt nur die Geldgier.") in den Mund gelegt. Erst 2018 traf man sich wieder und söhnte sich aus.

Thiesmeyer verließ die Polydor Anfang der 80er-Jahre und „erfand“ als Produzent die TV-Musik-Show „Formel eins“, in der das Maskottchen, ein weißer Comic-Hund, mutmaßlich nach ihm bespitznamt wurde: Teasy. Die Sendung gab es von 1983 bis 1990 und die Kelly Family war darin nie zu sehen. Thiesmeyer zog weiter, war Kino-und TV-Produzent und zuletzt im Energie-Management tätig. Er starb am 19. Mai 2021 im Alter von 60 Jahren.

EDDIE BARCLAY

Der König, der hinabstieg

Mireille Mathieu, Dalida, Juliette Gréco, Charles Aznavour, Jacques Brel, Eddie Constantine – all diese Helden des französischen Chansons wurden von Eddie Barclay entdeckt. Kurz: Der waschechte Pariser (damals 61) war im Winter 1983 eine Legende, der ungekrönte König der Plattenszene, der in Luxus schwelgte und sich standesgemäß in Limousinen kutschieren ließ. Als er von einer Musikgruppe hörte, die in den Pariser Metro-Bahnhöfen unterirdisch für akustisch überirdische Klänge sorgte, lud er die Truppe zu sich ins feudale Büro ein – und bekam eine Absage!

Dan Kelly, der alte Rebell, wollte nicht sein Haupt beugen („Wir gehören da nicht hin, wir gehören auf die Straße.“), sondern lud den König der Platten zu „sich“ ein. Barclay, der eigentlich Édouard Ruault hieß und nicht adeligem, sondern bürgerlichem Blut entstammte, war keineswegs eingeschnappt, sondern besann sich seiner Wurzeln (Mutter Postangestellte, Vater Kellner) und stieg, erstmals seit 30 Jahren, hinab in die U-Bahn.

Er bot Dan Kelly sofort nach dem „Konzert“ einen Plattendeal an. Aber Dan, seit dem Streit mit der deutschen Polydor ein gebranntes Kind, zierte sich lange. Erst im Herbst 1984 gab er dem hartnäckigen Werben Barclays nach und unterschrieb für eine Single („Une Famille C’est Une Chanson“ und „Dideli-dei“) und ein Album („Une Famille C’est Une Chanson“). Der zögerliche Dan Kelly argwöhnte, dass ihn auch der französische

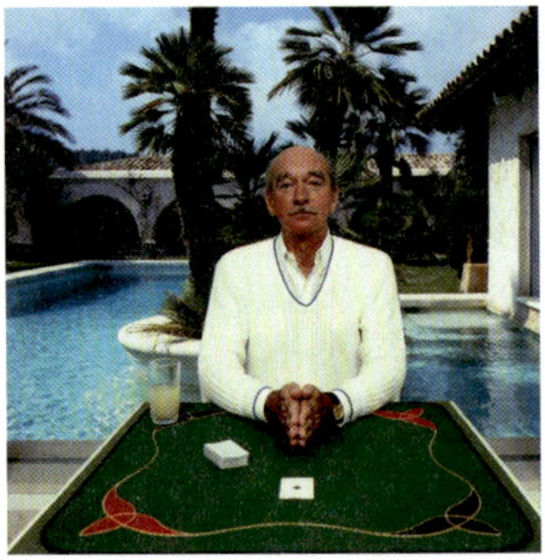

Plattenboss (wie der deutsche zuvor) als x-beliebige Projektzitrone schnellstmöglich auspressen wollte. Barclay ließ es aber überzeugend „menscheln", schaukelte Klein-Angelo auf seinen Knien und betonte, er wolle „die Familie Familie sein" lassen. Und Dan Kelly war zufrieden.

Eddie Barclay liebte wirklich die Familie. Er war neunmal verheiratet (und hält damit gemeinsam mit Zsa Zsa Gabor den Rekord an Mehrfachhochzeiten bei Promis), bevor er am 13. Mai 2005 nach einem Herzinfarkt starb. Sein Grab auf dem Cimetière Marine in St. Tropez ist mit (unechten) Langspielplatten verziert.

THOMAS STACHELHAUS

Der Mann mit dem scharfen Blick

Sie trafen sich, und es hat „klick" gemacht – und zwar seither hunderttausende Male. Seit Januar 1988 fungierte Thomas Stachelhaus, echtes Ruhrpottkind aus Bochum, als Haus- und Hof-Fotograf der Kellys. Er genoss das absolute Vertrauen von Dan und seinen Sprösslingen und wer im deutschen Blätterwald offizielle Kelly-Bilder drucken wollte, war zu 99 Prozent gezwungen, den Fotocredit „Thomas Stachelhaus" zu setzen. In der ganzen Bravo-Zeit gab es höchstens eine Handvoll Kelly-Poster, die nicht von Stachelhaus stammten.

Stachelhaus war von seinem Großvater mit einer vollmechanischen zweiäugigen Rolleiflex im Format vier mal vier Zentimeter fotografisch „angefixt" worden, machte eine klassische Lehre und studierte an der Fachhochschule in Dortmund Foto- und Film-Design. Während dieser Zeit lief er den Kellys erstmals über den Weg und baute eine „äußerst intensive Zusammenarbeit“ auf, „die von gegenseitigem Respekt und tiefer Loyalität gekennzeichnet war“.

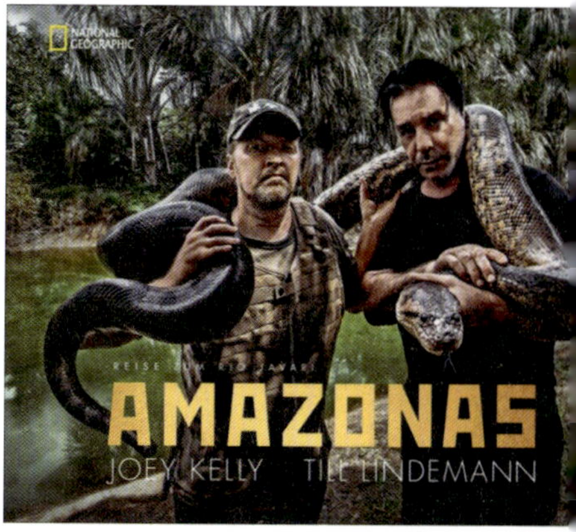

Stachelhaus blieb auch treu, als die Mehrzahl der Fans ging. Er fotografierte in den 2000er-Jahren auch Solo-Ativitäten einzelner Kellys. Vor allem begleitete er Joey Kelly auf vielen seiner Extrem-Eskapaden, von denen er mindestens drei in Bildbandbuchform brachte, zuletzt „Amazonas – Reise zum Rio Javari“. „Nebenbei“ ist Stachelhaus für diverse andere Kunden tätig und hält mit seiner Kamera ein waches und scharfes Auge auf seinen geliebten Ruhrpott.

MIKE UNGEFEHR

Ungefähr der Größte

Es war ungefähr Anfang 1991, als Mike Ungefehr (damals 42) sehr konkret der Mann für alle Kelly-Fälle wurde, nämlich deren erster „richtiger“ Manager. Dan Kelly war nach seinem ersten Schlaganfall noch ausgeknockt – er musste Kontrolle abgeben. Ungefehr übernahm mit dem Plazet der Kelly-Kids das Steuerruder, und er erlebte die Kellymania nicht nur mit, er war deren Epizentrum. Er, die Band und sein langjähriger Weggefährte, Produzent Hartmut Pfannmüller, der schon 1990 seine Arbeit für die Kellys und in der Folge (gemeinsam mit Musikchefin Kathy) fünf Alben der Kelly Family aufnahm, inklusive des Millionen-Hits „Over The Hump“.

1999, als der Wahnsinn abebbte, war Pfannmüller schon seit vier Jahren raus, aber Anfang des Jahres beendeten auch Kelly und Ungefehr die Zusammenarbeit. „Wir haben uns im Guten

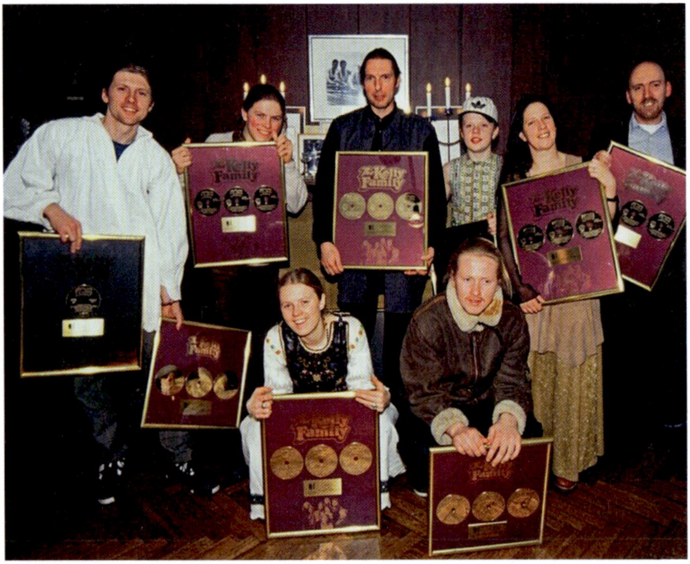

1995 gab es Gold für das Album „Over The Hump“. Geehrt wurden auch Produzent Hartmut Pfannmüller (Mitte) und Manager Mike Ungefehr (rechts).

getrennt. Die Gruppe und ich brauchen etwas Luft“, meinte Ungefehr damals.

Später arbeitete er wieder mit Kellys. Als er 2006 sein neues Musikunternehmen Value Invest gründete, veröffentlichte er als erstes Projekt das Debütalbum von John und dessen Frau Maite („Tales From The Secret Forest“).

Mike Ungefehr starb am 19. Oktober 2016 im Alter von 67 Jahren nach längerer, schwerer Krankheit in Friedrichsdorf.

Ohne irisch Moos viel los

Die Fiddles zirpen, die Pipes schmachten und dann fragt John Kelly mit aller Inbrunst seiner damals zwölfjährigen Stimmbänder „Who'll Come With Me". Das Lied wurde 1980 der erste Hit und war vielleicht der irischste Moment in der Plattenkarriere der Kelly Family. Er ist so irisch wie der Herrenduft „Irisch Moos".

„David's Song" klingt wie ein uraltes irisches Traditional. Wurde aber erst 1978 komponiert. Aber weder von einem Iren noch von den Kellys, sondern von Vladimir Cosma, einem Rumänen.

Er schrieb das Instrumental als Titelmelodie für den ZDF-Vierteiler „Die Abenteuer des David Balfour", der im Dezember 1978 lief und von Millionen von Fans geguckt wurde. Die bangten 364 Minuten um den 17-jährigen Helden, der nach einer Rebellion 1745 durchs Hochland und über Meere irrlichterte.

234 Jahre später, am 5. Februar 1979, enterte Cosmas Song die Charts und segelte bis auf Platz 28. Wie Dan Kelly den Song entdeckte, ist unklar. Fakt ist, dass er einen englischen Text schrieb. „David's Song (Who'll Come With Me)", der erste Kelly-Hit erreichte in Deutschland Platz 15 (5. Mai 1980), in Holland und Belgien stieg das Lied bis auf Platz 1 und 3.

Die (bei uns) erfolgreichste Coverversion von „David's Song" ist nicht die Kelly-Fassung, sondern stammt von DJ Sakin & Friends. Deren eurodancige Version „Nomansland (David's Song)" schaffte es neun Jahre spät bis auf Platz 11. Gleichzeitig war mit „Shine (David's Song)" von Lamar feat. Jemini eine weitere Cover-Version in den deutschen Charts und robbte sich vor bis Platz 12.

Keine der Versionen chartete in Irland. An dem Song war eben nichts Irisches. Und an David Balfour auch nicht: Der Bengel war Schotte! Und wo wir schon am Desillusionieren sind: Das „irische" Parfüm Irisch Moos wurde 1969 in Amerika erfunden und wird seit 2007 von einer deutschen Firma vertrieben. Es wird einfach nicht irischer.

Prinz John – der Einzigartige

Paddy? Angelo? Nein, der erste Superstar im Reich von König Daniel war Prinz John Michael. Der hätte sogar ein Kinderstar à la Heintje werden können.

Wer bei „Who'll Come With Me" keine Gänsehaut bekommt, wenn er John singen hört, der ist weder romantisch noch musikalisch. Wenn der Erstgeborene von Barbara-Ann (Taufname: Juan Miguel Suokko, denn Dan und Barbara waren noch nicht verheiratet) mit seinen gerade Mal zwölf Jahren „Don't be afraid, I know the Way" singt, dann glaubt man ihm jedes Wort. Man hat keine Furcht, man will ihm folgen.

John sang die Kelly Family zu ihrem ersten Plattendeal. Es ist verständlich, dass die Polydor-Leute damals vor allem an John dachten, wenn ihnen die D-Mark-Zeichen in den Pupillen blitzten. Der Kleine zog mit seiner glockenhellen Stimme einfach alle in den Bann. Bis Mitte der 80er-Jahre übernahm John bei der großen Mehrheit der Songs die Solostimme. Erst Ende des Jahrzehnts, nach dem Album „New World" (1990) – und vor allem nach seinem Stimmbruch – sang ihm Paddy den Rang ab.

Die Plattenfirma hatte nach dem Erfolg von „Who'll Come With Me" große Pläne – vor allem mit John. „Sie wollten einen Kinderstar aus mir machen", verriet er in einem frühen Bravo-Interview. Sie boten ihm eine Solokarriere und die Hauptrolle in einer TV-Serie an. Aber Dan Kelly war dagegen. Nicht zum letzten Mal folgte er seinem Motto „Scheiß auf den Erfolg – Hauptsache, wir sind zusammen". „Im Nachhinein bin ich froh, dass er mich davor bewahrt hat", sagte John. Er sah später an Paddy und Angelo, dass der Starrummel nicht nur schöne Seiten hatte. Aber: „Ich hab schon zehn Jahre vor ihnen Liebesbriefe bekommen."

John war lange der klaglose Teamplayer, ob als früher Anführer der „Kelly Kids" oder später als Busfahrer und Zuständiger für Bühnenaufbau und -beleuchtung sowie akribischer Archivar mit der Kamera. Als das Geschäfts- und vor allem das Familiengefüge um die Jahrtausendwende bröckelten, war er (nach Kathy) der erste, der Konsequenzen zog. Er wohnte nicht lange auf Schloss Gymnich und setzte sich 2000 nicht nur, aber auch aufgrund unterschiedlicher Sichtweisen über die musikalische Neuausrichtung ab.

Er kehrte nach Spanien zurück, wo er seine Sandkastenfreundin Maite Itoiz wiedersah. Die beiden kennen sich aus den Tagen von Belascoáin, und schon damals wusste Maite: „Ich werde dich heiraten." Es dauerte 20 Jahre, aber ihre Prophezeiung wurde am 24. Juni 2001 wahr. Beider Herzen schlagen auch musikalisch im Gleichklang. Seit 2006 veröffentlichten sie mehrere Alben, erst als „John Kelly & Maite Itoiz", bis sie 2010 das Mittelalter-Rock-Projekt Elfenthal gründeten, mit dem sie auch auf Tour gingen.

Die „Erdung", die John durch Maite, „meine navarrische Königin, meine Frau, meine beste Freundin, meine Schwester, mein mich beschützender Leibwächter und mehr" erfuhr, ließ alte Narben heilen. Über 17 Jahre nach der Abnabelung von Vater und Geschwistern kehrte John für das Comeback 2017 in den Schoß der Familie zurück und ist seither wieder an Bord. Prinz John, der einst Einzigartige, ist wieder da.

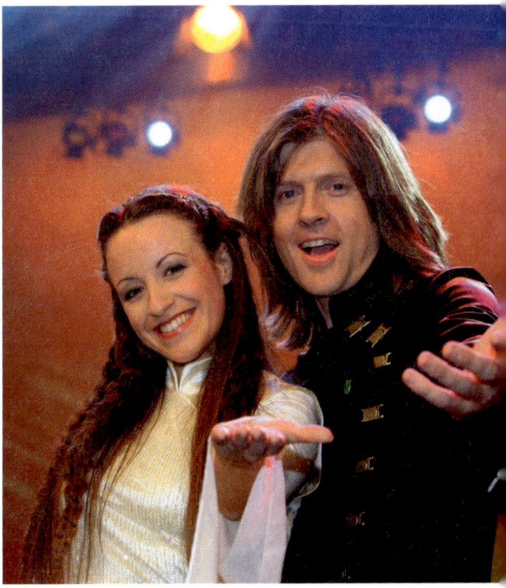

John fand sein Glück mit seiner Frau Maite Itoiz.

Attacke der Bauarbeiter

Schon 1979 entdeckte das deutsche Fernsehen die Kellys. Im Familienfernsehen wirkten der kauzige Papa, die immer ein Baby tragende und/oder schwangere Mama und die drollige Rasselbande der Kinder in Orgelpfeifenformation auch allerliebst.

Der Auftritt bei Vico Torrianis „Musik kennt keine Grenzen" im Mai 1979 war nicht ihr erster TV-Auftritt, aber ein großer: Die Familie durfte drei Lieder präsentieren („Minstrel Boy", „Danny Boy", „Greensleeves"). Köstlich: Mama Barbara-Ann trotzt der müden Barby auf ihrem Arm, Leadsänger John trotzt dem Trommelplayback und Klein Joey eilt zum Showmaster und holt ihn zur Familie, auf dass alle gemeinsam – und Joey auf dem Arm von Torriani – den letzten Refrain von „Greensleeves" singen.

Einen derartigen Respekt zollten (schon damals) nicht alle. Showmaster-Legende Joachim Fuchsberger kündigte in seiner Show „Auf los geht's los" am 1. März 1980 seine singenden Gäste so an: „Sie sind eine ungeheuer fleißige Familie. Zumindest, was

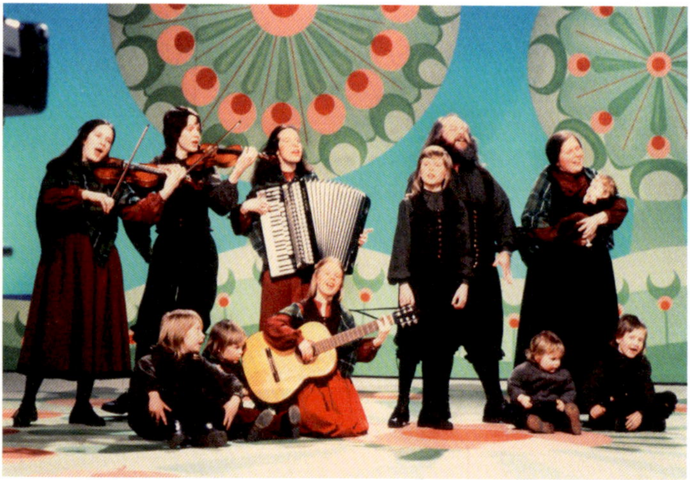

Die Kelly Family bei ihrem Auftritt bei „Auf los geht's los" am 1.3.1980: Kathy, Paul, Caroline, John, Dan, Barbara mit Maite (stehend v. l.), Jimmy, Barby, Patricia, Paddy, Joey (sitzend v. l.)

Mutter und Vater betrifft: Sie haben elf Kinder. Das wären nach deutschem Kindergeld bereits 1150 Mark." Da blieb damals schon dem Publikum das Lachen im Halse stecken. Eher ein dunklerer Moment in „Blackys" Wortwitzkarriere.

In über 40 Shows in Deutschland und Österreich traten die Kellys in den Jahren 1979 und 1980 auf, waren bei Wim Thoelkes „Der große Preis" ebenso zu Gast wie bei der ZDF-Drehscheibe oder in der ARD bei Maria Hellwig. Den Vogel schoss die „Plattenküche" ab. Die 23. Folge der Musik- und Comedy-Show des WDR, die von Helga Feddersen und Frank Zander moderiert wurde, wurde am 1. April 1980 ausgestrahlt. Die „Gags", die sich die Regie für den Auftritt der Kelly Family ausdachte, hatten durchaus was von Aprilscherz. Erst kündigte Feddersen die „Collie Family" an, die „irisch gut" singe. Dann tauchten Bauarbeiter auf und räumten die Kulissen ab. Während sich die Kelly Family bei „David's Song" die Seele aus den Leibern sang!

Der Auftritt beweist nicht nur das diskussionswürdige Humorlevel beim deutschen Fernsehen, sondern wie professionell und diszipliniert die Kellys, gerade die jüngeren, damals bereits waren. Andere Väter hätten den Bauarbeitern (oder den Show-Produzenten) in den Hintern getreten. Und andere Kinder wären ob der Störung entweder in Tränen ausgebrochen oder hektisch aus der Kulisse gestürmt. So aber wirft nur Klein Paddy (damals drei) den Störenfrieden einen missbilligenden Blick hinterher.

Dan Kelly schaute zunehmend grimmiger. Zwar hatte der Plattenvertrag mit Polydor Achtungserfolg mit Singles sowie zwei LPs und auch Geld gebracht. Aber auch Abhängigkeit. Die Plattenleute quatschten einfach zu viel rein, fabulierten da vom Solostar John und dort von der Volkslied-Familie. Die Dan-typische Mischung aus Sturheit und Instinkt – die ihn in Gamonal innerhalb von acht Jahren ein Vermögen mit Antiquitäten hatte machen lassen, das er mit einem Schweinzuchtdesaster binnen weniger Monate verzockte – schlug wieder durch: Er hatte genug von Polydor. Am 5. November 1980 wurde der Vertrag vorzeitig in gegenseitig grollendem Einvernehmen aufgekündigt.

Bus-Stop

In Köln freut man sich ja im Karneval, wenn „de Zoch kütt". In den Jahren der Kellymania setzte bei vielen Fans der Herzschlag für einen Moment aus, wenn der Bus kam. Der Kelly-Family-Bus. Rollendes Markenzeichen für die Außenwelt, pure Heimat für die Insassen. Ein paar faktische Haltestellen.

➡ Den ersten Bus kaufte Papa Dan Kelly 1978 in Dublin.

➡ Große Familie, große Flotte: Zwischen 1978 und 1998 hatten die Kellys insgesamt sechs Busse im Einsatz. Einer wurde verschrottet, einer blieb in Frankreich zurück und soll laut Joey zu einem Imbiss umgebaut worden sein. Die anderen Busse hat Joey über die Jahre zurückgekauft.

➡ Musikalisches Denkmal: 1979 nahmen die Kellys den Song „Double-Decker-Bus" auf.

➡ Die Kellys kauften nur Busse des Typs Bristol Lodekka, die zwischen 1949 und 1968 für den Straßenverkehr in Großbritannien gebaut und bis 1978 eingesetzt wurden. Die Kellys hatten zwei Ausführungen in Betrieb: Wagen des LD6G-Modells mit dem Einstieg und der Treppe zum Oberdeck hinten und Modelle der FLF6G-Serien (Einstieg und Treppe vorne), darunter eine „Cabrio"-Variante ohne Dach.

➡ Im Erdgeschoss befanden sich das „Wohnzimmer" und die Küche. Im Oberdeck schliefen die Familienmitglieder. Ausnahme: Maite. „Ich war die Einzige, die sich traute, unten zu schlafen."

➡ Als Toilette diente ein Eimer. Joey: „Da mussten wir beim Bremsen aufpassen. Aber er ist doch immer mal wieder umgekippt."

➡ Klimaanlage? „Im Sommer war's wie ein Glutofen, im Winter arschkalt", so Joey. Maite: „Es war teilweise so kalt, dass wir mit einer Reifschicht auf uns aufwachten." Paddy: „Wir schliefen immer in den Stiefeln – und mit langer Unterwäsche von der Heilsarmee."

➡ Rollender Geldspeicher: Ende der 80er-, Anfang der 90er-Jahre verdienten die Kellys auf der Straße fettes Geld. „An einem schlechten Tag waren es 5.000 Mark, an guten bis zu 50.000“, so Joey. Die Konzerteinnahmen wurden in Plastiktüten gebunkert und lagen überall im Bus herum.

➡ Nicht alle liebten es, wenn der Kelly-Bus vor ihnen herfuhr. „Wir waren auf der Autobahn nicht sehr beliebt“, so Joey, „denn die Busse schafften nicht viel mehr als 60 Stundenkilometer.“

➡ Aufruhr gab es 2017 um eine Online-Versteigerung. Über ein niederländisches Auktionshaus wollte ein Anbieter einen angeblichen Kelly-Bus verticken. Joey stellte via Facebook klar, dass es sich um keinen Kelly-Bus handelte, sondern um die Aktion eines – Achtung, Wortspiel – Trittbrettfahrers.

➡ Die Kellys verdauten die mobile Phase unterschiedlich. Joey: „Reisen steckt in mir. 365 Tage daheim, da würde ich krank.“ Paddy: „Ich habe ein Camper-Trauma.“ Er hasst Wohnmobile bis heute.

➡ Für das Comeback 2022 machte Joey, der stets an den Bussen rumschraubte und damals auch aus Sperrholzplatten „Kajüten“ für die Geschwister in den Bus zimmerte, den „Kelly-Bus No. One“ wieder flott. Er spielt in der fast achtstündigen RTL-Zwei-Doku „Die Reise geht weiter“ eine zentrale Rolle und besuchte mit den Kellys frühere Wirkungsstätten wie Gamonal, Rom und Paris.

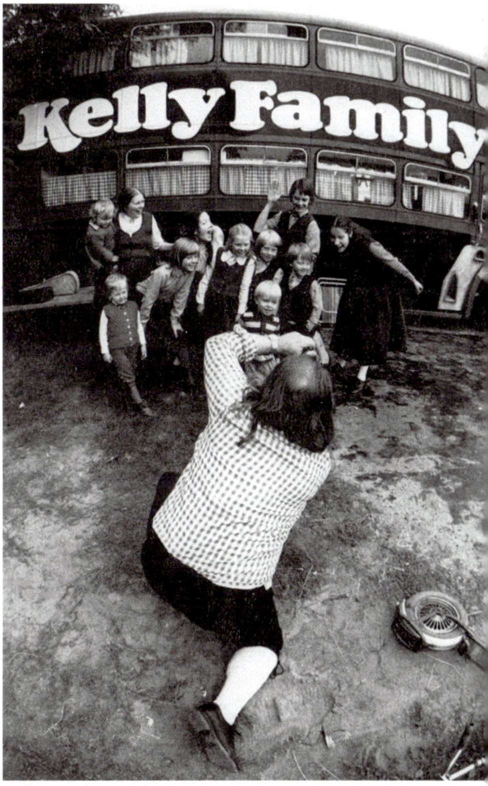

Familienfoto mit Bus. Zwischen 1978 und 1998 waren die Kellys mit ihren Doppeldeckern unterwegs.

AHA!

Geburtstage und Todesfälle

Statistisch logisch: In einer Großfamilie gibt es viel zu feiern – und leider auch viel zu trauern.

Das Positive vorab: Maria Patricia, genannt Patricia, hat zwei Geburtstage! Lange Jahre glaubten die Kelly-Fans, dass sie – benannt nach der Mutter Gottes und ihrer tragisch verstorbenen Halbschwester – am 25. November 1969 geboren sei. Tatsächlich kam sie drei Tage früher zur Welt, zu Hause in Gamonal. Bei der Übermittlung der Geburtsdaten an die Behörde wurde geschlampt, wie Patricia an ihrem 50. Geburtstag erläuterte. Ihrer Mutter Barbara-Ann (deren erste Tochter sie war) war es wichtig, dass sich der Irrtum nicht manifestierte. „Sie schenkte mir ein Medaillon mit einem Datum: 22. November 1969. Damit ich nie meinen wirklichen Geburtstag vergesse."

So was könnte ihre große Schwester Kathy auch gebrauchen. Denn auch von ihr kursieren zwei Geburtsdaten – der 6. März 1961 und 1963. Die Mehrheit der Boulevard-Zeitschriften und -Websites geht vom Geburtsjahr 1963 aus. Nur: Das ist eigentlich ein Ding der Unmöglichkeit: Kathys Schwester Patricia Suzanne kam im Oktober 1962 auf die Welt (auch da schwanken übrigens die Angaben zwischen dem 20. und 29. Oktober) – und das würde bedeuten, dass Mama Janice ihre Kathy nach nur dreieinhalbmonatiger Schwangerschaft entbunden hätte ...

Familiengeheimnisse ranken sich auch um Todesfälle. So wurde nie dokumentiert, unter welch tragischen Umständen Patricia Suzanne 1964 wirklich umkam. Die Kelly Kids der „Barbara-Generation" wussten lange nicht einmal um ihre einstige Existenz. Patricia, die Erste, liegt auf dem Friedhof Saint Denis in Harrisville/USA begraben, keine zehn Kilometer entfernt von der Stelle, wo sie im Nubanusit Lake ertrank.

Nachdem Barbara-Ann Kelly am 10. November 1982, im Alter von erst 36 Jahren von ihrem Krebsleiden erlöst worden war, wurde sie auf dem kleinen Friedhof von Belascoáin neben der Kirche Parroquia de la Asunción beigesetzt. Als Kopfstein tanzen auf ihrem Grab zwei Ballerina-Schuhe – ein Geschenk von Fernando Posa, dem Freund der Familie, der, obgleich Arzt geworden, Barbara-Ann nicht zu retten vermochte.

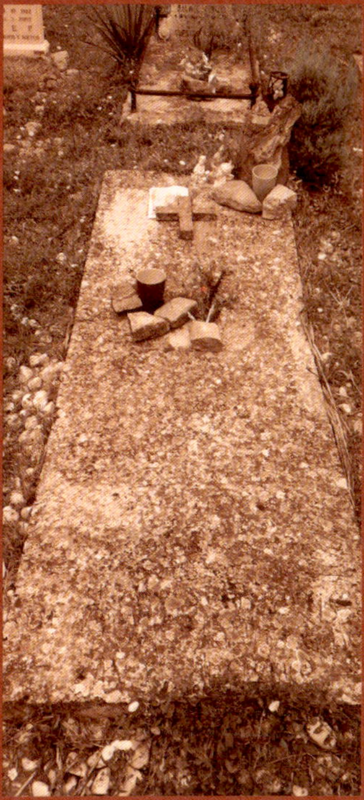

Das Grab von Barbara-Ann auf dem Friedhof in Belascoáin

Die Grabplatte ist verwittert, die Inschrift nur noch schwer zu entziffern. „Mutter von 14 Kindern“ steht unter Barbara-Anns Name und dem Sterbedatum sowie neben 16 Namen und 14 handgemalten Herzen. 14 Kinder? Neben ihren eigenen, John, Patricia, Jimmy, Joey, Barby, Paddy, Maite und Angelo, hatte Barbara auch Janices Kinder Danny, Caroline, Kathy und Paul geliebt wir ihre eigenen. Macht 12. Die beiden anderen Herzen werden Maribel und Bob zugeordnet. Maribel (eigentlich Maria Isabel) war ein Mädchen in Kathys Alter, dass die Kellys in Madrid kennengelernt und quasi als Pflegetochter in den Clan (und auch in die Ur-Formation der Kelly Kids) aufgenommen hatten. Aber wer war Bob?

Die Inschriften 15 und 16 lauten „Papa“ (für Dan Kelly) und „Linda“. Sie war Barbara-Anns Schulfreundin und mit ihr 1966 aus Amerika nach Gamonal gekommen, um beim Restaurieren der Antiquitäten zu helfen. Schnell wurde sie aber Fulltime-Kindermädchen. Auch sie umweht ein Geheimnis: Warum sie 1976 die Kellys beinahe über Nacht verließ und sich als Nonne namens „Linda Teresa de Jesus“ einem Karmeliterkloster anschloss, ist unbekannt.

Barby – die tragische Prinzessin

Es war einmal eine hübsche Prinzessin, die ihre Familie, die Musik und das Leben liebte. So schüchtern sie wirkte, so strahlte sie doch. Aber in ihr lauerte das Dunkel und brach sich seine Bahn. Nach Jahren der zunehmenden Dämmerung besiegte die Finsternis das Licht: Barby, die tragische Prinzessin, starb, mit nur 45 Jahren.

„Es war zu viel Stress in meinem Kopf", sagte Barby 1999 in einem Bravo-Interview. In der Retrospektive wirkt die Aussage prophetisch, denn „der Stress", der die zweitjüngste Kelly-Tochter schon 1998 schwer belastet hatte, verschwand nicht mehr. Barby nahm 2000, als die Family wieder tourte, eine „Auszeit". Die Auszeit endete nie mehr, sie blieb wie vom Erdboden verschluckt und trat in der Öffentlichkeit nur noch zweimal – im Rahmen der „Stille Nacht"-Tour 2012 – als Überraschungsgast für wenige Lieder auf.

Letztlich starb Barbara Ann Kelly an einer Lungenembolie, in der Nacht zum 15. April 2021 „schlief sie friedlich im Familienkreis ein", wie Jimmy per Instagram informierte. Jimmy sorgte sich wohl am meisten um seine unglückliche Schwester, und er war – 2013 – auch erstmals mit der bitteren Wahrheit herausgerückt: „Ich möchte Euch mitteilen, dass Barby seit vielen Jahren unter einer psychischen Krankheit leidet, die es ihr nicht möglich macht, alleine zu leben, für sich zu sorgen oder Verantwortung über ihr eigenes Leben zu tragen. Sie muss unter ständiger Aufsicht sein. Es handelt sich bei dieser Krankheit um eine ernste Angelegenheit, die seit Jahren mit starken Pharmazeutika und unter ärztlicher Aufsicht behandelt wird."

Liegt ein Fluch über der Kelly Family? Oder eine genetische Belastung? Schon Dan Kellys erster Sohn Danny litt an einer geistigen Entwicklungsstörung. Und einen Bruder von Dan hielten die Leute in Gamonal als „den mit dem Rolls Royce und dem taubstummen Sohn" in Erinnerung.

Barby, die Diddl- und Walt-Disney-Mäuse sammelte, Grace Kelly bewunderte, ihr ganzes Leben lang malte, zeichnete und Gedichte schrieb und ihren Fans als lebensfrohe Tänzerin („Sie lobten mich für meinen Tanz“, sagte sie einmal, „dabei war es nur so fürchterlich kalt und ich hüpfte nur rum, um mich aufzuwärmen.“) und ehrgeizige Percussionistin in Erinnerung bleiben wird, lebte zuletzt bei Pflegeeltern in Nordrhein-Westfalen, regelmäßig besucht von ihren Geschwistern. Deren Unterstützung war, so kritisierte Jimmy, nicht immer zweckdienlich. Jimmy monierte 2013, dass „einige“ Barby „zurück in die Öffentlichkeit zerrten“. Er meinte wohl Paddy, Patricia, Joey, Kathy und Paul, die Barby zu Kurzeinsätzen bei der „Stille Nacht“-Tour 2012 überredeten.

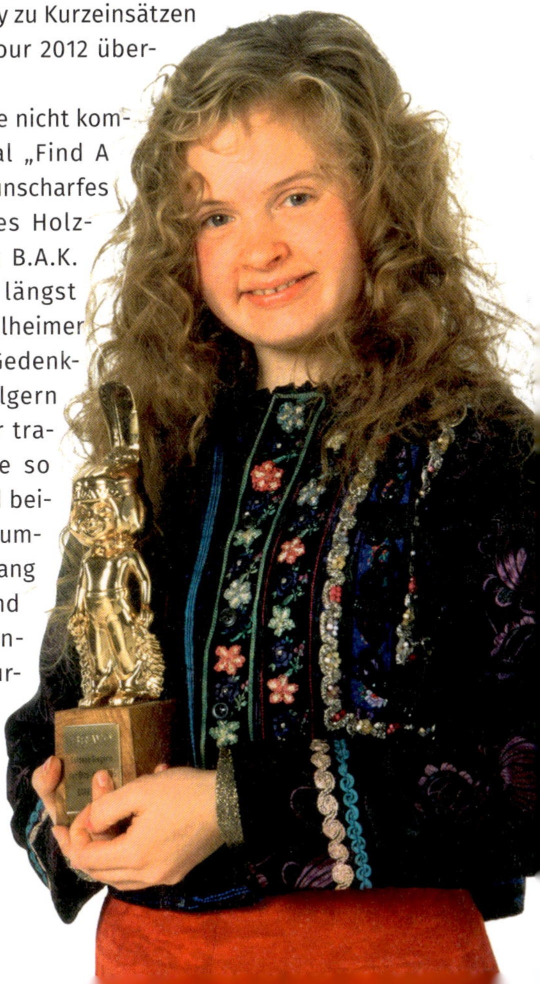

Ihre Grabstätte wurde nicht kommuniziert, im US-Portal „Find A Grave“ gibt es aber ein unscharfes Foto, das ein schlichtes Holzkreuz mit den Initialen B.A.K. zeigt. Die Fans haben längst die „Kelly-Mauer“ im Mülheimer Hafen zur inoffiziellen Gedenkstätte gemacht. Sie pilgern dorthin, gedenken ihrer tragischen Prinzessin, die so hieß wie ihre Mutter und beinahe so früh starb, und summen die Lieder, die sie sang und teilweise schrieb und die wie eine Zusammenfassung ihres viel zu kurzen Lebens wirken: „Baby Smile“, „Like A Queen“, „Break Free“ und „Sweetest Angel“.

Undercover Boss

„Mama Kelly“ tot, „Papa Kelly“ moralisch am Boden, das erste Vermögen in Spanien durchgebracht, den Plattendeal in Deutschland in die Tonne getreten. Anfang 1983 war die Lage für die Kellys alles andere als rosig. Da kann man auch mal eine einmalige Chance ignorieren ...

Nach Paris der Liebe wegen? Für Dan Kelly und seine Kinder war es eher ein „Auf zu neuen Ufern“ und ein Weg, den Verlust der im Herbst gestorbenen Frau und Mutter zu verarbeiten, der sie im Frühjahr 1983 an die Seine führte. Dan kämpfte zudem darum, seine Alkoholsucht zu überwinden.

Eine harte Zeit. „Uns ging es echt dreckig“, erinnerte sich Joey später. Das passte, denn das Viertel, in dem sich die Family für drei Jahre im Hotel Poires de la Rivoli einquartierte, war auch dreckig. Die Family hauste in drei Zimmern. „In der obersten Etage und am Ende des Flurs.“ Weiter weg vom Wohlstand ging es gar nicht. „Damals haben wir wirklich ums Überleben gespielt“, so Joey.

Sie taten es auf den Pariser Straßen, auf den Champs-Élysées, vorm Eiffelturm, im Centre Pompidou. In der Metro schließlich erspielten sie sich einen neuen Plattenvertrag, weil Eddie Barclay (siehe Seite 35) auf sie aufmerksam wurde. Aber sie hätten einen vielleicht noch größeren Kontakt knüpfen können ...

Es war mittlerweile Juni 1984 und die Kelly Family versuchte, das allmorgendliche Wettrennen der Straßentroubadoure um die begehrte „Bühne“ auf dem Platz vor der Kathedrale Notre-Dame zu gewinnen. Am 29. Juni spielten sie vor gut 20 Touristen und einer, ein Amerikaner, blieb nach dem Set noch stehen und sprach sie an, weil er sie als Gruppe cool fand. Zum Abschied meinte er, die Kellys – quasi ja Landsleute – sollten sich doch mal bei ihm in Amerika melden. Er meinte, er heiße Bruce und ging seiner Wege.

Als sie am nächsten Tag die Zeitung lasen, hätte sie fast der Schlag getroffen. Denn sie hatten mit einem Superstar gesmalltalkt, ohne ihn zu (er)kennen. Bruce Springsteen spielte am 29. und 30. Juni im Rahmen seiner „Born In The USA"-Tour zwei Konzerte im Pariser Parc de la Courneuve – vor jeweils 60.000 Zuschauern – und hatte einfach einen relaxten Spaziergang gemacht.

Sie riefen nie beim „Boss" in Amerika an. „Wir haben uns nicht getraut", gestand Joey. Aber einmal kreuzten sich – beinahe – doch noch ihre Wege. Im April 1993 gastierte Springsteen in der ausverkauften Dortmunder Westfalenhalle. Paddy, der zum großen Springsteen-Fan mutiert war, wäre gerne dabei gewesen, konnte aber nicht. „Wir spielten am selben Abend in Witten auf der Straße." Quasi um die Ecke und doch endlos weit entfernt.

Mit dem Treffen mit Springsteen und einer potenziellen Schützenhilfe durch den globalen Superstar wurde es also nichts. Aber die Kellys schafften es ja auch so. Paddy erinnerte sich, wie er damals dachte, „Wow, der Boss in der Westfalenhalle, Wahnsinn." Aber ein Jahr darauf wurde der Wahnsinn für die Kelly Family selbst wahr – und ein weiteres Jahr später, 1995, wurde der Wahnsinn zum Irrsinn: Die Kelly Family spielte neunmal hintereinander vor ausverkauftem Haus in der Westfalenhalle. Das schaffte nicht mal Springsteen. Und auch sonst niemand. Der „Boss im Haus" in Dortmund ist die Kelly Family, der Rekord besteht noch heute.

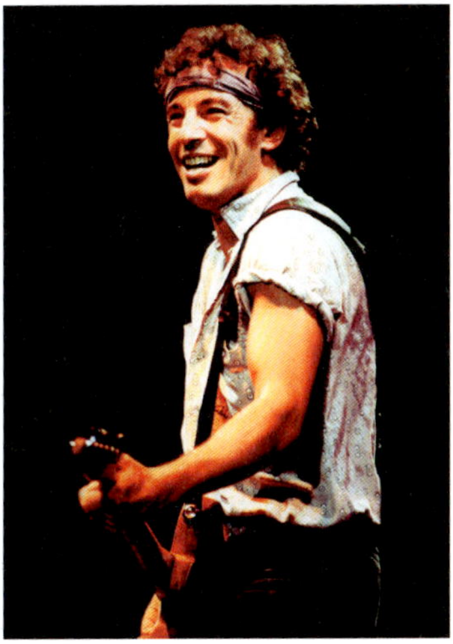

Superstar Bruce Springsteen bei seinem Konzert im Juli 1984 in Paris. Am selben Tag hatte er den Kellys bei deren Straßenkonzert gelauscht.

Auf der Flucht

Songtitel, die auf die Kellys passen: Neben „We Are Family“ („Wir sind Familie“; Sister Sledge) passt vor allem „Band On The Run“ („Band auf der Flucht“; Paul McCartney & The Wings). Denn Dan & Co. waren nicht immer freiwillig rastlos unterwegs ...

Bruce „Der Kumpel aus Paris“ Springsteen singt es: „Tramps like us were born to run.“ Die Kellys lebten danach: „Vagbunden wie wir, sind geboren zum Laufen.“ Wobei „Laufen“ nicht nur für „Umherziehen“ steht, sondern durchaus fürs dramatischere „Weglaufen“. „Wir sind mehrmals von heute auf morgen mit Sack und Pack abgehauen“, hat es Joey mal formuliert.

Dan Kelly war nicht nur vom amerikanischen Schulsystem genervt, sondern generell von Bürokratie. In Spanien hat er, so berichteten seine damaligen Nachbarn in Gamonal, „eine hohe Strafe“ zahlen müssen, weil er zwar drei Autos fuhr, aber keines ordnungsgemäß angemeldet war. Und nicht nur bei den Autos haperte es mit der Anmeldung. Nochmals Joey: „Wir waren illegal in Europa. Wir hatten damals nur US-Pässe, nicht mal irische.“

Auch in Deutschland, als sie längst vor Köln vor Anker lagen, gab es immer wieder Ärger mit Behörden. Ein Klassiker ist der Zoff, den 1996 der damalige nordrhein-westfälische Regierungspräsident des Regierungsbezirks Köln, Franz-Josef Antwerpes, von der Hafenmole brach. Der wollte, dass man den damals 14-jährigen Angelo doch bitte dem geregelten Schulbetrieb zuführe. Im Zuge der Überprüfung der Kellys kam heraus, dass nur der Vater in Köln gemeldet war. Die Kinder lebten offiziell in Kelbra (Sachsen-Anhalt) – in einem Wohnwagen auf dem Campingplatz am Stausee, der von den Kellys seit Jahren nicht mehr besucht worden war.

Antwerpes scheiterte mit seinen Bemühungen um ordentliche Schulpflicht wie zuvor spanische, französische und irische Behörden. Die einzige Kelly, die einen Schulabschluss hat, ist

Maite, und die machte ihn freiwillig. In Amerika und zum Durchschnaufen nach der Kelly-Hysterie.

Bei all der freigeistig-trotzigen „Mir-doch-egal-Haltung", die Dan Kelly umschwebte, kannte er doch ein sehr konkretes Gefühl: Angst. Die Furcht, das Sorgerecht und somit seine Kinder zu verlieren. Deshalb endete das Paris-Gastspiel auch in einer überstürzten Nacht-und-Nebel-Aktion, wie Joey berichtete. Demnach waren die Behörden mal wieder wegen der Schulpflicht lästig und drohten ob der Sturheit des Kelly-Oberhauptes mit Konsequenzen. Aber Dan war fixer: Er buchte Ende 1985 zehn Flugtickets (Paul blieb in Paris, der Liebe wegen) und setzte sich mit der Familie nach New York ab.

Die Probleme waren international. Nicht nur in Deutschland werteten einige den fröhlichen Singsang der putzigen Orgelpfeifen als knallharte Kinderarbeit. „Es gab immer wieder Ärger wegen dem Musizieren von Minderjährigen, dem fehlenden festen Wohnsitz und der Schule", meinte Joey. Selbst im Land der unbegrenzten Möglichkeiten, wo die Kellys in anderthalb Jahren 22 östliche Bundesstaaten straßenkonzertant beehrten, gab es Regeln. Auch dort war „Busking" (Straßenmusik) kein Selbstläufer, die Polizei wurde Stammgast. Patricia: „Wenn die Cops kamen, haben wir immer gleich ‚Amazing Grace' gesungen. Die Männer hatten oft Tränen in den Augen vor pathetischer Rührung und haben uns singen lassen, aber die Polizistinnen haben uns meistens verjagt." Auch Hoteliers fanden es nicht witzig, dass statt eines offiziell eingebuchten Ehepaars (Kathy und Johnny, die Ältesten, spielten die Turteltauben) heimlich insgesamt sechs Kellys in einem Hotelzimmer hausten. Kurz: Es hieß öfter „Beine in die Hand".

Es wurde stressig in Amerika. Und blieb erfolglos. Die US-Bürger waren weniger gebefreudig als die Europäer. Also kehrte Dan Kelly der einstigen Heimat Ende 1986 erneut den Rücken. Es wurde wieder Zeit für Europa. Zeit für den Durchbruch.

Kelly Family. Eine Zeitreise

Teil 1: We are Family

Viele deutschen Fans haben die Kelly Family erst Anfang der 90er-Jahre zur Kenntnis genommen. Da war die Familie aber schon gut 15 Jahre musikalisch unterwegs. Mal erfolgreich, mal unglücklich, aber immer als große Einheit.

1966 Dan Kelly, dessen Vorfahren aus Irland einwanderten, siedelt mit seiner Ehefrau Janice und vier gemeinsamen Kindern aus seinem Geburtsland USA nach Gamonal in der spanischen Provinz Toledo über.

1974 Erste Geldeinnahmen durch Musik bei einem Spontanauftritt auf der Plaza Mayor in Madrid

Juni 1975 Erster offizieller Auftritt der „Kelly Kids" auf einem Dorffest in Santa Anastasia bei Ejea de los Caballeros

Dezember 1975 Erster TV-Auftritt in der Kinder-TV-Sendung „La Guagua", Ausstrahlung der 20-minütigen TV-Doku „Kelly Kids y sus temas navideños" bei TVE sowie Veröffentlichung der ersten selbstproduzierten Musikkassette, „Familia Kelly Canta La Navidad"

März 1976 Umzug nach Belascoáin, im nahe gelegenen Pamplona Eröffnung der Musik-Kneipe „El Viana"

Sommer 1976 Diebe berauben die Kellys im Urlaub in Rom und „zwingen" sie so zur Straßenmusik. Weiterfahrt nach Wien, wo die Kellys in der Wintersaison im „Circus Roncalli" auftreten. Gage: null, „Live-Erfahrung": unbezahlbar

September 1977 Die Familie zieht nach Irland, wo sie zunächst als „Basque Kellys" (die baskischen Kellys) auftreten.

Unterzeichnung des ersten Plattenvertrags mit der deutschen Plattenfirma Polydor — **16.10.1978**

Veröffentlichung der ersten Single mit den Titeln „Danny Boy" (A-Seite, Leadvocal: John) und „Agur Jaunak" (B-Seite, Leadvocals: Dan) — **02.11.1978**

Erste LP-Veröffentlichung: „The Kelly Family" — **05.03.1979**

„Lieder der Welt", zweite LP unter Polydor, erscheint — **24.09.1979**

Die dritte Single, „David's Song (Who'll Come With Me)", wird in den Niederlanden und Belgien veröffentlicht, in Deutschland am 4. Januar 1980. — **30.11.1979**

Erster Hit! „David's Song (Who'll Come With Me)" erobert die deutschen Charts und steigt bis auf Platz 15. In Holland (Nr. 1) und Belgien (Nr. 3) ist das Lied noch erfolgreicher. — **31.03.1980**

Erste Erwähnung in der Bravo: Unter der Überschrift „Die singende Elf: Zum Boß sagen alle Daddy" wird die Familie kurz vorgestellt. — **30.04.1980**

Wegen der Brustkrebserkrankung von Barbara Ann kehrt die Familie in die spanische Heimat nach Belascoáin zurück. — **Frühjahr 1981**

Nach dem Tod von „Mama Kelly" (10. November 1982), verschlägt es die Kellys nach Paris. Dort veröffentlichen sie 1984 das Album „Une Famille C'est Une Chanson". — **Frühjahr 1983**

Die Kelly fliehen vor den französischen Behörden zu Verwandten nach Amerika. — **1985**

Erstes Straßenkonzert in Deutschland seit über fünf Jahren auf der Kölner Domplatte. — **1987**

Rock the Boats

Wenn's dem Esel zu wohl wird, geht er aufs Eis, heißt es. Und wenn der Bus zu eng wird, zieht die Familie eben auf ein Boot. Oder zwei. Und dann: ab ins Traumland, nach Deutschland? Knapp daneben ist auch vorbei ...

1923 war „das Boot" nagelneu, ein sogenannter „Coaster" und zum Kohletransport vor England eingesetzt. Witzig: Rund 70 Jahre später war es immer noch ein Speicher für Kohle, allerdings anderer Machart: Im Rumpf steckten, als Ballast für das Schiff, „rund eine Million Deutsche Mark in Münzen", wie Paddy einmal offenbarte.

1989 war von beiden goldenen Zeitaltern nichts zu erahnen. Da lag der Frachter ausrangiert in einem Hafen bei Amsterdam, mehr unter als auf dem Wasser schaukelnd. Dan Kelly kaufte das Halbwrack für einen Appel und ein Ei und die Family richtete es in zweijähriger Arbeit wieder her.

Als die nun „Sean O'Kelley" getaufte Schönheit ihr Stapellauf-Comeback erlebte, erstrahlte sie in neuem Glanz und mit allem Pipapo: 34 Meter Länge, 6,30 Meter Breite. 4000-Liter-Wassertrank, Dreizylinder-164-PS-Motor, 185 Tonnen Gewicht, 30.000-Watt-Generator für Strom und Zentralheizung. 14 Kajüten, darunter die 24-Quadratmeter-Kommandozentrale von „Käpt'n Dan" (mit Fernseher, Videorecordern, DAT-Playern, Faxgerät und Stereoanlage), sogar einen Ballsaal zum Balletttraining gab's und ein Tonstudio mit 24-Spur-Digitalmischpult. „Eine Arche mit High-Tech-Einrichtung", schrieb die Bravo passend.

1992 ging die „Sean O'Kelley" auf große Tour: Die Kellys wollten samt Boot umsiedeln. Sie ankerten vor Köln im Mülheimer Hafen. Zwar kannten und mochten die Kellys die Domstadt, ihr eigentliches Ziel aber war es nicht. Dan Kelly wollte rheinaufwärts bis nach Basel schippern – aber ein Motorschaden zwang zum Stopp. Der dauerte dann sieben Jahre. Der Auenweg

Die „Sean O'Kelley" an ihrem Ankerplatz im Mülheimer Hafen. In dem kleinen Boot daneben lebte Kathy Kelly mit ihrem Mann Vincent und dem gemeinsamen Sohn Sean.

wurde zur Permanentadresse – und von den Fans regelrecht belagert.

Wenn's auch im Hafen mit der großen Freiheit eng wird, bleibt nur noch das weite Meer. Das konnten die Kellys besegeln, nachdem sie im Herbst 1993 einen stolzen Dreimaster (45 Meter lang, 7 Meter breit, 29 Meter höchste Masthöhe, 365 PS-Motor) für schlappe 180.000 Mark gekauft und innerhalb eines Jahres wieder flott gemacht hatten. Segel- und Tüftelfan Joey hatte die 1951 gebaute (und 1993 ziemlich ramponierte) Perle in einem Segel-Magazin entdeckt, in Dover gekauft und zur Renovierung nach Amsterdam schleppen lassen.

Zu Wasser (Sean O'Kelley und der Dreimaster Santa Barbara Anna) sowie zu Lande (Doppeldecker-Busse) war die Kelly Family nun zur Eroberung der Welt bereit. Fehlte nur noch: in der Luft. Und auch das klappte bald: Als die Kellys im Februar 1994 für drei Tage Irland besuchten, flogen sie im gecharterten Privat-Jet (mit Kelly-Family-Logo!) rüber.

Busse, Boote, Jet, Plastiktüten und Postkisten voller Bargeld an Bord von Bus und Boot? Wie hatte es soweit kommen können? Wie waren die Kellys bloß von notorisch klammen Kirchenmäusen zu einer „Was-kostet-die-Welt?"-Sippe geworden?

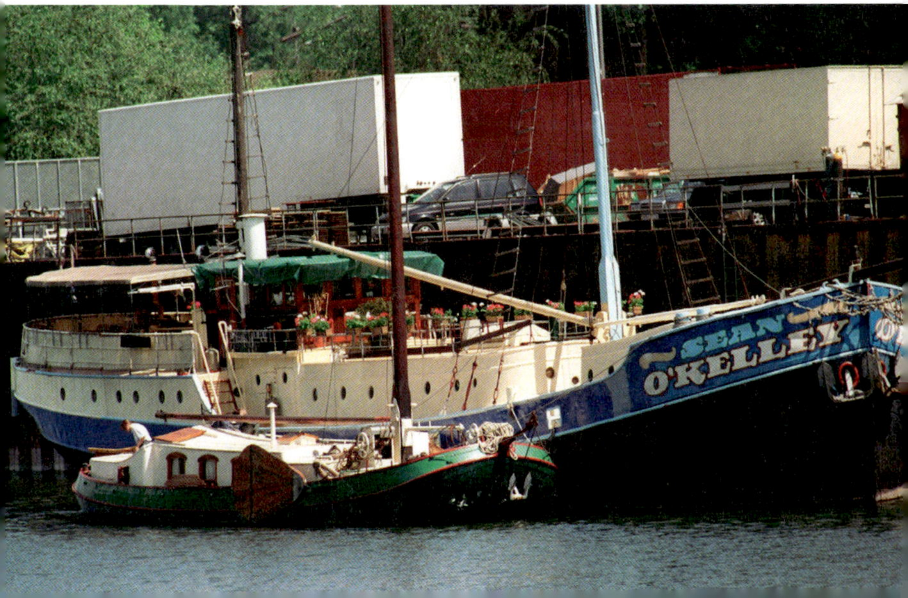

Im Osten geht die Sonne auf

Die deutschen Fans haben die Kelly Family groß gemacht? Stimmt. Aber nicht die im Westen. Der Osten war schneller.

Das Video „Live In East Germany“ ist ein Klassiker in der Kelly-Geschichte. Das trifft vor allem auf die letzten fünf Minuten zu. Das Youtube-Video „Kelly Family Amazing Grace Paddy weint“, wurde fast sechs Millionen Mal angeklickt, der beinahe zweistündige Rest der Show nur knapp 370.000 Mal.

Die Show wurde 1989 in Cottbus gegeben. Vor dem Mauerfall, also in der DDR. Es war der Höhepunkt einer ersten kleinen, rein ostdeutschen Kellymania. Das DDR-Kultusministerium mochte die Kelly Family und lud sie mehrfach zum Besuch ein. Joey: „Wir sind am Checkpoint Charlie rüber und wurden wie Staatsgäste mit russischen Wolga-Limos abgeholt.“

Vielleicht versprach sich das Ministerium vom Kelly'schen heilen Familiengefüge eine positive Rückwirkung auf das marode Staatssystem. Das klappte nicht: Als die Kellys am 21. Oktober 1989 mit einem Auftritt bei „Ein Kessel Buntes“ in den Adelsstand der in der DDR etablierten Stars erhoben wurden, klang montags schon „Stasi raus!“ und „Wir sind das Volk!“ auf den Straßen. Im DDR-TV herrschte aber noch eitel Freud' und Sonnenschein. Und weil die Resonanz auf den bunten Kelly-Auftritt mit drei Songs so enorm war, wurde beschlossen, eine ganze Show aufzuzeichnen.

Deshalb surrten Ende Oktober die Kameras, als die Kellys in der Cottbuser Stadthalle aufspielten. Mit einem aufmüpfig-furios tobenden siebenjährigen Angelo und einem seelenfängerisch pathetischen Dan Kelly, der in Unschuldsweiß gewandet von Frieden und Liebe schwurbelte. Und mit einem wunderbaren Paddy, der erst souverän als Conférencier die Show eröffnete und sie dann einmalig emotional beendete: Bei der Zugabe „Amazing Grace“, dem Lieblingslied seiner Mutter Barbara-Ann, überwältigten den Elfjährigen die Erinnerungen und er weinte wäh-

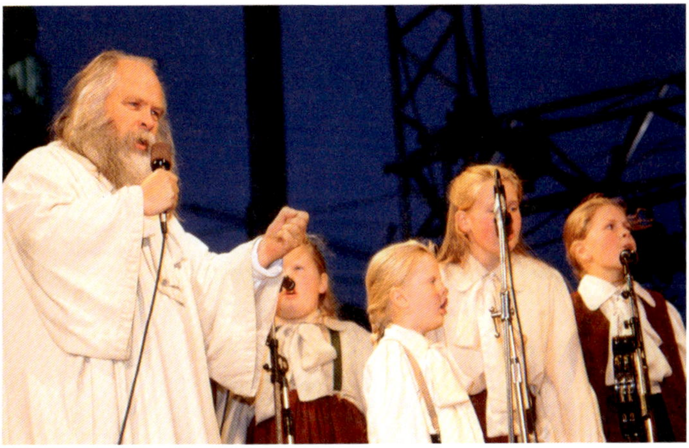

Im Osten ging die Sonne des Erfolgs auf: Dan Kelly und seine Kids (von links: Maite, Angelo, Barbie und Paddy) begeisterten in der DDR.

rend des Singens. Ein wirklich zu Herzen gehender Moment, in dem andererseits auch die ganze kühle Professionalität der Kelly Family zum Vorschein kommt – zum Trösten eilte keiner herbei.

Auch in Westdeutschland waren die Kellys bereits bekannt. Aber eher einem überschaubaren Kreis. Joey: „Wir sind in der DDR in 1000er-Hallen aufgetreten, als wir im Westen noch in Fußgängerzonen vor höchstens 200 spielten. Wir wurden drüben wie VIPs behandelt und hatten unser eigenes Ost-Mark-Konto."

Damit war es dann bald vorbei, mit der DDR nämlich auch und mit der Mauer als Erstes. Am 9. November, keine zwei Wochen nach dem Cottbus-Auftritt, saß die Family im Hausboot in Amsterdam und staunte, als die Freiheitsgeister in Berlin die Mauer erklommen und die Schlagbäume hochgingen. Gleichzeitig ging das Interesse an dem Konzertfilm der Kellys runter. „Ein wunderbares Leben in Liedern" wurde erst 1990 im sterbenden DDR-Fernsehen gezeigt, 1996 kam als Kelly-VHS „Live in East Germany" auf den Markt.

Was blieb, war die Dankbarkeit der Kelly Family. Die vergaß die Liebe der ostdeutschen Fans nicht. Gleich nach dem Mauerfall stieg die Familie in ihren Bus und heizte ostwärts. Joey: „Wir haben im Osten wahrscheinlich auf jedem Stadtfest gespielt."

Über den Berg auf den Gipfel

„In der Geschichte eines jeden Künstlers gibt es ein Album, das alles verändert. Für uns war es ‚Over the Hump'. Das brachte den Durchbruch." Das sagte Angelo, und er hat Recht. Und auch wieder nicht.

Gemessen am Erfolg gibt es keine Diskussion: „Over The Hump", die 17. Longplay-Veröffentlichung (wenn man alles, auch die beiden MCs vom Karriereanfang, mitzählt), ist das Opus magnum der Kelly Family: Nummer eins in Deutschland, Österreich und der Schweiz, europaweit über fünf Millionen verkaufte Einheiten, in Deutschland immer noch die drittmeistverkaufte CD aller Zeiten. Kein Zweifel, „Over The Hump" (sinngemäß: „Über dem Berg (sein))" brachte die Kellys auf den kommerziellen Gipfel.

Aber das auf dem Hausboot und im Kölner Sound Studio N aufgenommene Werk bedeutete weniger Durchbruch als vielmehr Sahnehäubchen, denn als „Over The Hump" am 26. August 1994 veröffentlicht wurde, hatte die Kelly-Welle schon erstaunliche Höhen erreicht. Da hatten sie schon erstmals die Westfalenhalle gefüllt und Paddy hatte sogar schon – am 11. August in Ausgabe 33/1994 – als Hauptmotiv vom Bravo-Cover gegrinst.

Als „Over The Hump" am 19. Dezember Bon Jovis „Crossroads" von Platz eins der Charts verdrängte, war es ein vorgezogenes Weihnachtsgeschenk, aber kein überraschendes. Schon der Vorgänger „Wow", das erste Album, auf dem nur Eigenkompositionen zu hören waren, hatte – bei Straßenverkäufen – 250.000 Einheiten abgesetzt und hätte damit, würde es sich um offizielle Zahlen handeln, eine Goldene Schallplatte bekommen müssen (von denen „Over The Hump" dann offiziell neun erhielt).

Auch die Erfolgssingle „An Angel" wird oft falsch eingestuft. Ja, die jedes Herz erwärmende Gefühlshymne wurde zum Signature-Song der Kellys. Aber obwohl es 27 Wochen in den deutschen Charts war, wurde es nicht die hierzulande erfolgreichste

Single der Family. Diese Ehre gebührt „I Can't Help Myself" (vom Nachfolger-Album „Almost Heaven"). Diese Single wurde zum einzigen Nummer-eins-Hit in Deutschland (und war auch Spitze in Norwegen und der Schweiz).

Zurück zu „An Angel" (das immerhin in Österreich die Charts anführte): Es ist NICHT Angelos Lied, sondern wurde vom damals 15-jährigen Paddy komponiert (in einer sternklaren Nacht an Deck der „Santa Barbara Anna"). Paddy gedachte seiner Mutter – und dem besonderen Drama, das sie und die Geburt Angelos umwehte. Deshalb war es für Paddy auch Ehrensache, dass er sich mit Angelo die Leadvocals teilte.

Einige Irrtümer umranken also „An Angel" und „Over The Hump". Den schönsten aber lieferte die Jugendzeitschrift Bravo. Die stellte die Platte in Ausgabe 39/1994 als „CD der Woche" unter dem Titel „Over The Humb" vor ...

Die Kellys waren Ende 1994 ganz oben auf – aber wie war das überhaupt möglich gewesen?

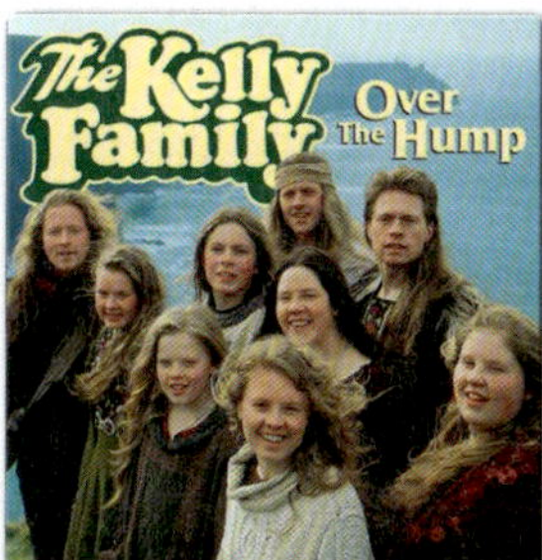

Das Cover von „Over The Hump" wurde auf höchstem Berg fotografiert: an Europas steilsten Klippen, den Cliffs of Moher in Irland.

Lob mit Lapsus: Die gute, aber im Titel fehlerhafte Plattenkritik in der Bravo

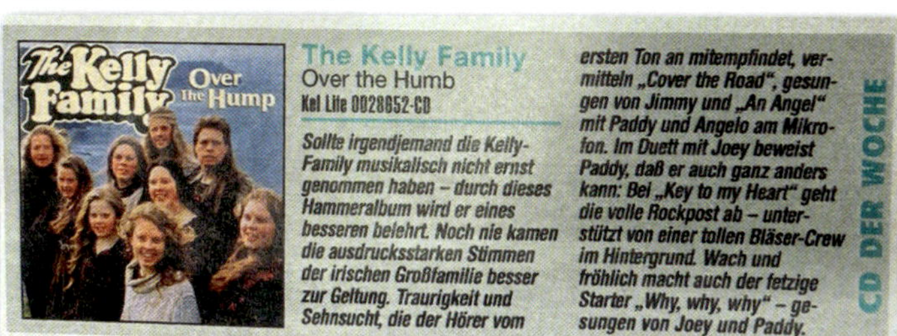

The Kelly Family
Over the Humb
Kel Life 0028652-CD

Sollte irgendjemand die Kelly-Family musikalisch nicht ernst genommen haben – durch dieses Hammeralbum wird er eines besseren belehrt. Noch nie kamen die ausdrucksstarken Stimmen der irischen Großfamilie besser zur Geltung. Traurigkeit und Sehnsucht, die der Hörer vom ersten Ton an mitempfindet, vermitteln „Cover the Road", gesungen von Jimmy und „An Angel" mit Paddy und Angelo am Mikrofon. Im Duett mit Joey beweist Paddy, daß er auch ganz anders kann: Bei „Key to my Heart" geht die volle Rockpost ab – unterstützt von einer tollen Bläser-Crew im Hintergrund. Wach und fröhlich macht auch der fetzige Starter „Why, why, why" – gesungen von Joey und Paddy.

CD DER WOCHE

Live, Baby, live!

Heute reicht's mitunter, wenn ein Beitrag bei TikTok viral geht, um eine Karriere zu begründen. Die Kellys gingen einen aufwendigeren Weg: Sie spielten sich jahrelang den Arsch ab!

Seit der Rückkehr aus Amerika hatte sich Grundlegendes verändert. Die Kellys betrachteten Musik nicht mehr als nebenbei betriebenes und mehr oder weniger einträgliches Hobby. Sie hatten Blut geleckt und wollten mehr. Viel mehr. Daniel Krienen und Andrea Becker formulierten es in ihrem Podcast „Keep On Singing" treffend: „Die Kellys waren empfänglich für den Durchbruch." Maite Kelly sagte es so: „Wir wollten den Erfolg. Wir wollten in die großen Hallen."

Das ging nicht von heute auf morgen. „Man musste sich damals seine Audience, seine Fans erarbeiten", bestätigte Marius Müller-Westernhagen, selbst seit Mitte der 70er-Jahre aktiv. „Da hat man halt in Clubs auch mal acht Stunden lang gespielt." Oder – wie im Falle der Kellys – jeden zweiten Tag.

Die Jahre 1990 bis 1994 enthielten 1826 Tage (weil 1992 ein Schaltjahr war). An 869 davon, so listet die polnische Fanseite „www.kelly-family.pl" akribisch auf, spielten die Kellys Konzerte. In den Jahren 1993 (245) und 1994 (272) an über zwei Dritteln der Tage im Jahr. Aufgeführt sind nur die Städte, in denen die Family auftrat, nicht aber die Anzahl der Konzerte pro Tag. Denn die variierte. Die Kellys spielten bis zu vier ihrer Sets täglich!

Joey Kelly stand der Kelly-Frühphase kritisch gegenüber: „Wir konnten am Anfang nicht spielen, wir waren schlecht", aber das änderte sich. Das beinharte Geschäft auf den Pflastern der Fußgängerzonen und wackeligen Marktfestbühnen zahlte sich auch musikalisch-qualitativ aus – und monetär sowieso: Jeden Abend wurden tütenweise Münzen und Scheine in den Bus und später aufs Hausboot geschafft. Der Beweis, dass sie auf dem richtigen Weg waren. „If you don't break the Street, the Street will break you!" ("Wenn du nicht die Straße schaffst, schafft dich die Straße!") zitierte Maite den Leit- und Leidspruch der Straßenmusiker. Als sie die Straße abgehakt hatten, zogen sie in die Hallen. Erstes Highlight: Im Mai 1988 buchten sie die Grugahalle in Essen, in der bereits die Rolling Stones und die Beatles spielten und die legendären Rockpalast-TV-Konzerte stattfanden. Nur: Für die war stets ein Veranstalter tätig, die Kellys mieteten auf eigene Rechnung und eigenes Risiko. Die Sorgen waren groß (John: „Wir hätten bankrott gehen können."), aber unbegründet: Die Kellys verkauften 6000 der selbst gemalten Tickets, die Halle war voll. Genauso wie einen Monat später die Philipshalle in Düsseldorf.

Ausgerechnet als „Papa Dan" nach seinem ersten Schlaganfall (Juni 1990) noch rehamäßig außer Gefecht gesetzt war, legten die Kellys richtig los. Sie reinvestierten ihre Straßeneinahmen. Sie schafften sich ein Veranstaltungszelt und später eine Lkw-Bühne an, engagierten vier Roadies, damit sie ihre Bühne fortan nicht mehr selbst aufbauen mussten. Die Taktik hatte Erfolg: Die Besucherzahlen stiegen stetig. 1993 waren Konzerte vor 3000 Fans keine Seltenheit mehr.

Und eines Tages stand ein besonderer Gast im Publikum ...

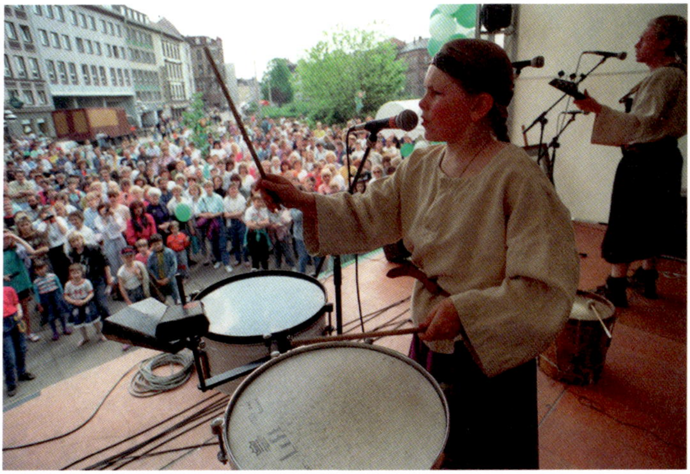

Zwischen 1990 und 1994 spielte die Kelly Family fast dauernd und beinahe überall live – wie hier Paddy und John beim „irischen Fest" im Mai 1991 in Gera.

Na, Bravo!

Die Bravo hat die Kellys entdeckt. Das wird gern behauptet. Stimmt aber nicht.

Kein Zweifel: Die Beziehung zwischen der Kelly Family und der größten Jugendzeitschrift der Welt – kein Witz, das war die Bravo damals wirklich – war eine ganz besondere. Aber sie begann nicht erst 1993. Andererseits: Nach der Kelly-Premiere in der Bravo, als am 30. April 1980 wegen eines Leserbriefs von Claudia O. aus dem niederländischen Nieuw Bergen und dem Chartserfolg von „David's Song" in Holland ein erster Mini-Bericht erschien („Die singende Elf: Zum Boß sagen alle ‚Daddy'!"), vergingen 13 Jahre bis zur nächsten Erwähnung. Dann wurde am 17. Juni 1993 auf der „Fan-Zentrale"-Seite ein Gerücht verifiziert: „Ist es wahr, dass die Kelly Family auf einem Boot zu Hause ist?"

Bei der Bravo arbeiteten damals rund ein Dutzend Reporter und Redakteure in der Musik-, TV- und Star-Redaktion, ständig auf der Suche nach neuen Stars und Trends. Die wahren Top-Scouts aber saßen in der Leserbrief-Abteilung. Denn die wertete die Zuschriften der Leser aus und registrierte wie eine seismographische Erdbebenfrühwarnstation jede außergewöhnliche Häufung von Namensnennungen, worüber dann die Chefredaktion informiert wurde. Auch hier also: Ohne die engagierten Kelly-Fans hätte das mit der Bravo viel länger gedauert, denn klassische Promotion – mit Fototerminen und Interviews in den Redaktionen – scheute Dan Kelly wie der Teufel das Weihwasser.

Bravo-Chefredakteur Gerald Büchelmaier, seit 1992 Bravo-Oberhäuptling, bewies einen guten Riecher. Er erklärte die Jungredakteurin Corinne Ullrich für zuständig (die „gestandenen" Redakteure prügelten sich nicht gerade darum, die Kellys in ihr „Star-Portfolio" zu kriegen), weshalb die am 7. August 1993 ihre erste Story mit den Kellys produzierte – in Burg auf der Ostseeinsel Fehmarn.

Der einseitige Artikel („Eine Band wie keine: Neun Geschwister rocken sich durch!“) in der Ausgabe vom 2. September barg zwar kleine Fehler bei den Namen (Matje statt Maite, Patrizia statt Patricia, Kate statt Kathy und Barbie ohne y), aber die Zusammenarbeit nahm rasch Fahrt auf. Es folgte der erste Doppelseitenbericht („Die Arche Kelly“, 7. Oktober), das erste Poster (28. Oktober), der erste abgedruckte Songtext („When The Last Tree …“), der erste Klebe-Sticker (beides an 16. Dezember) und schließlich der Ritterschlag, das erste Bravo-Cover (11. August 1994).

Bravo zog alle Berichtsregister, aber die Liebe ihrer Leser setzte nicht sofort ein, im Gegenteil. Als diese Anfang 1994 die „Bravo-Otto-Sieger 1993“ kürten, tauchten die Kellys nur in einer Kategorie auf. Auf Platz acht bei „enttäuschendste Band“.

Während also die Bravo-Leser noch zurückhaltend waren, gaben die Kellys bereits Konzerte vor im Schnitt 2000 Leuten. Eine „kleine“ Band waren sie also beileibe nicht mehr, als die Bravo sie „entdeckte“. Aber sie waren eben nicht „Mainstream“. Im Radio wurden keine Songs gespielt, obwohl auf dem eigenen Label „Kel-Life“ seit 1988 im Jahresrhythmus LPs und allein 1993 vier Singles veröffentlicht wurden. Die Kellys lebten und spielten in einem eigenen Kosmos aus Friede, Freude, Musik und Money-Making und ihre treuen Fans tauchten begeistert ein. Als die Bravo die Kellys (für sich) entdeckte, geriet das alles aus den Fugen. Ziemlich schnell und ziemlich gewaltig.

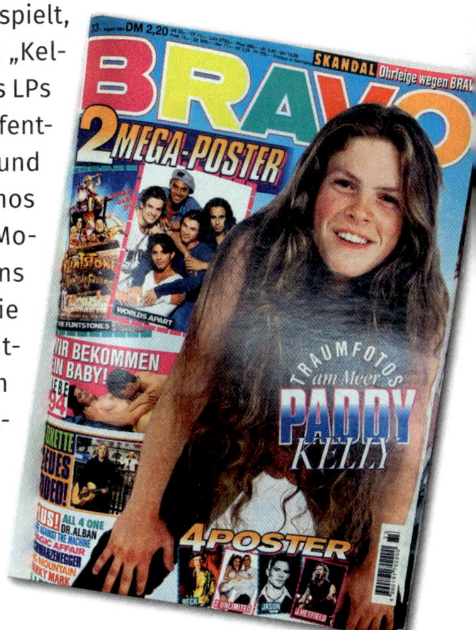

Das erste Mal auf dem Bravo-Cover: Paddy in der Ausgabe vom 11. August 1994

Haust du meine Tante, hau ich deine Tante

Sind die ganzen Bravo-Leser Kelly-Fans geworden oder sind nicht vielmehr die ganzen Kelly-Fans plötzlich zum „Bravoismus“ konvertiert? Jedenfalls profitierten beide Seiten. Zumindest am Anfang.

Die Zusammenarbeit zwischen den Kellys und der Bravo entwickelte sich außergewöhnlich und in Teilen auch einzigartig. Am Anfang der gemeinsamen Zeit setzte die Jugendpostille ausdauernd auf die „neue“ Band und ließ sich denkwürdige Aktionen einfallen. So wurde bei der ersten Bravo-Super-Show, die am 9. Februar 1994 in Berlin stattfand – und natürlich der neuesten „Bravo-Entdeckung“, der Kelly Family, einen Auftritt gewährte –, eine der legendären Foto-Love-Storys produziert. In dem sich wie üblich über mehrere Ausgaben (im März) hinziehenden Fotoroman „Julia allein zuhaus“ spielten die Kellys mit, Paddy hatte quasi die wichtigste Nebenrolle.

Diese Fotoaufnahmen für die Love-Story sind auch deshalb außergewöhnlich, weil sie nicht von Thomas Stachelhaus, dem Haus-und Hoffotografen der Kelly Family stammen. Denn nur ein einziges Mal hatte in der Anfangsphase ein Bravo-Fotograf die gesamte Family für einen Fototermin im Studio: Von Bernhard Kühmstedt stammt das erste Riesenposter, das je in der Bravo gedruckt wurde (am 11. Mai 1994) – ansonsten machte fast alle Fotos Stachelhaus (oder, 1998, vertretungsweise dessen Kel-Life-Kollege Julio Donoso). Dass Bravo zuließ, dass das Magazin nicht selbst Bilder schießen durfte, sondern sich „nur“ von einem Künstler-Management bedienen ließ, gab es in dieser Form weder vorher noch danach.

Die Werbung durch Bravo tat den Kellys natürlich gut. Nach den Berichten über die Bravo-Super-Show und der Foto-Love-

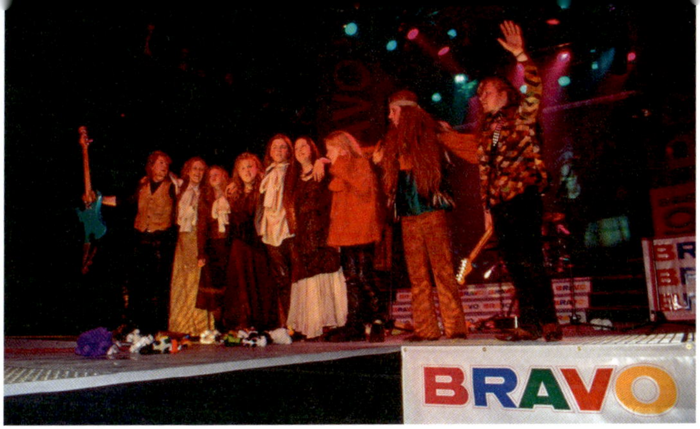

Die Kelly Family verabschiedet sich nach ihrem Auftritt bei der Bravo-Super-Party am 25. November 1994 in Berlin.

Story bemerkten die Kellys, dass bei ihren Konzerten der Vorverkauf für ihr bis dato ehrgeizigstes Projekt deutlich anzog. Dass schließlich am 15. Mai 1994 alle 17.000 Tickets für das in Eigenregie organisierte Konzert in der Dortmunder Westfalenhalle weggingen, lag auch an der Unterstützung durch die Bravo.

Dan Kelly und seine Family dankten es auf ihre Weise: Die Bravo wurde zum Quasi-Exklusiv-Zentralorgan erhoben, kein anderes Printmedium hatte solch regelmäßigen Zugang zur Truppe. Die Bravo-Super-Show fand von 1994 bis 2000 siebenmal statt, nur die Kelly Family (und DJ Bobo) war bei jeder dabei. Dan schickte seine Sprösslinge mehrmals in die Bravo-Redaktion in München-Neuperlach, einmal liefen sie ein Geburtstagsständchen für Chefredakteur Büchelmaier singend über den Flur.

Im Dezember 1994 nahmen die Kellys auch an der Redaktionsweihnachtsfeier teil. Dort spielten sie – teilweise weihnachtlich gewandet mit roten Zipfelmützen – ein knapp halbstündiges Set inklusive „Jingle Bells“ und des damaligen Super-Hits „An Angel“. Danach sagte Paddy als Moderator den Main Act des Abends an – die Bravo-Band. Ernst Hofacker, der gemeinsam mit den Redakteurskollegen Mike Bayer, Kai Bargmann und Chris Fritz sowie Verlagsleiter Claus-Dieter Grabner AC/DC- und Bryan-Adams-Hits coverte, grinste in der Rückschau: „Ich kann auf jeden Fall sagen, dass die Kelly Family mal meine Vorgruppe war.“

Ganz nach dem Motto „Hauste meine Tante, hau ich deine Tante“ (oder „Wie du mir, so ich dir“), profitierte aber auch die Bravo. Dass Chefredakteur Büchelmaier auf die Kellys setzte, lohnte sich fürs Heft: War die Auflage bis 1993 (von einst 1,58 Millionen verkauften Heften pro Woche) auf 1,2 Millionen geschrumpft, so zog sie bis Ende 1995 wieder auf fast 1,45 Millionen an. Für das zweitbeste Quartalsergebnis aller Bravo-Zeiten waren vor allem Take That und die Kelly Family verantwortlich. Niemand zierte das begehrte Titelbild zwischen 1993 und 1996 so häufig wie die beiden Fan-Lieblinge: die Kellys 21-mal, die Boys aus Manchester 33-mal.

Als das Erfolgsalbum „Over The Hump“ den Thron der Charts eroberte, sagte Paddy dankbar: „Ohne Bravo hätten wir das nie geschafft.“ Der Verlag hat sich bei den Kellys nicht bedankt, die Leserschaft schon: Die Kellys gewannen sechsmal den Bravo-Otto als „Beste Band“ (1995 und 1999 in Gold, 1996 bis 1998 und 2000 in Silber) und sie stellten zwei Bestmarken in den Bravo-Lesercharts auf: Am 23. Januar 1997 standen drei Kelly-Songs unter den ersten Vier der Leser-Hitparade (wenn auch nicht auf Platz eins, den belegten die Backstreet Boys) und am 20. Februar desselben Jahres rangierten sieben Kelly-Lieder in den Top 30 – beides Rekorde für die Ewigkeit.

Auch durch den Bravo-Hype – kaum ein Heft ohne Kelly-Beitrag – türmte sich die Kelly-Welle zum Hysterie-Tsunami. „Kellymania war Hardcore“, meinte Joey. Seine Liebe zur Bravo war nie gewaltig, und sie erkaltete. 2019 sagte er in einem Interview: „Wir sind noch bekannt, aber Gott sei Dank nicht mehr in der Bravo.“ Und: „Den Bravo-Otto braucht keine Sau.“

Bittere Rückschau auf das, was damals kam: Das schöne Miteinander blieb im Trubel der Kellymania nicht idyllisch. Die rief die Bravo offiziell per Titelgeschichte am 24. November 1994 aus, nachdem Kelly-Fans ein Zeltkonzert in Bochum gestürmt hatten. Später belagerten die Fans das Kai im Mülheimer Hafen und die Zäune um Schloss Gymnich.

Die Kellys mussten entsetzt mitansehen, wie ihnen die Kontrolle über die Dinge entglitt. Und die Bravo war immer dabei.

Jetzt auch, ob die Kellys wollten oder nicht. Denn auch im Jugendmarkt gilt es, die Eisen zu schmieden, so lange sie heiß sind. Kurz: Die Kellys wurden die Geister, die sie einst vielleicht nicht gerufen, aber freundlich hereingebeten hatten, nicht mehr los.

Im neuen Jahrtausend erledigte sich alles von selbst. Nach Dans Tod löste sich auch der Familienbund auf. Die Kelly Family war kein heißes Eisen mehr. Und die Bravo auch nicht. 1998 rutschte sie unter die Millionen-Käufer-Grenze, 2000 unter 700.000. Das erlebte Gerald Büchelmaier aber nicht mehr als Chefredakteur mit; er wurde Anfang 1999 gefeuert.

Einen signifikanten Unterschied gibt es zwischen den einstigen Weggefährten Kelly Family und Bravo. Die Kellys legten 2017 und 2022 außergewöhnliche Comebacks hin. Das scheint für die Bravo utopisch. Deren Auflage liegt derzeit bei rund 65.000 Heften. Pro Monat. Ein Minus gegenüber 1998 von 93,3 Prozent.

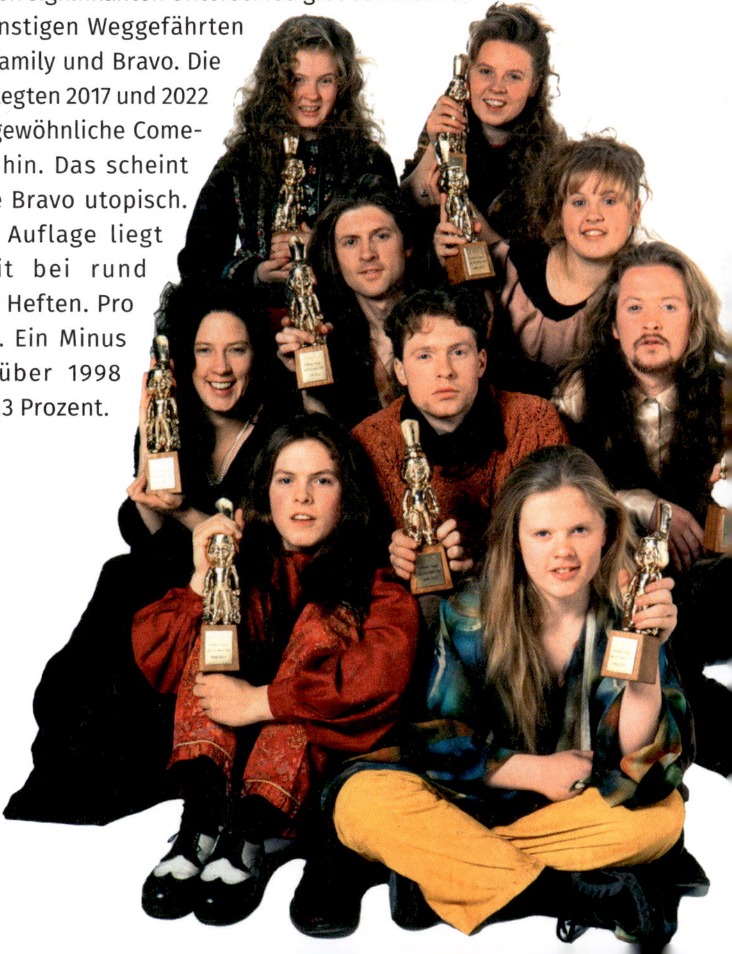

AHA!

Popcorn? Nein, danke!

Was schert es die deutsche Eiche, wenn sich das Borstenvieh an ihr schabt? Mitunter eine ganze Menge. Denn Dan Kelly konnte auch nachtragend sein. Die deutsche Jugendzeitschrift Popcorn bekam es zu spüren.

Als die Kelly Family 1994 den großen Siegeszug startete und gepusht von der Bravo in ungeahnte Hysterie-Sphären vordrang, hieß es für das nach Bravo dienstälteste deutsche Jugendmagazin Popcorn: Wir müssen leider draußen bleiben.

Das hatten sich die Macher des 1977 erfundenen ersten Monatsmagazins für Jugendliche auch selbst zuzuschreiben. Denn während die Bravo-Kollegen in München-Neuperlach die Kellys mit echter Hofberichterstattung förderten, zeigten die „Popcörner" aus München-Giesing der Family die kalte Schulter.

Nach dem Motto „Jeder hat schon mal einen Trend verschlafen" lehnte die Chefredaktion um Uli Weissbrod und den Autoren dieses Buches (!) das Thema ab. Als man bei Popcorn seiner suboptimalen Einschätzung von Band-Qualität und Käuferpotenzial gewahr wurde und gerne zurückgerudert hätte, war es nun an den Kellys, ablehnend zu reagieren. Dan Kelly gab die Order: „Popcorn kriegt nix. Keine Interviews. Keine Photopässe. Keine Fotos." Während sich also die Bravo in Bus, Booten und Backstage-Bereich am Luxus des exklusiven Zugangs zur Quelle labte, darbte die Konkurrenz sozusagen bei Wasser und Brot: Mehr als die offiziellen Pressefotos und Infos gab es nicht.

Aber: Die in Bedrängnis geratene Redaktion reagierte mit – Kreativität. Weil man keine eigenen Fotos schießen durfte, ließ man ein Gemälde der Kellys anfertigen, druckte es als Riesenposter, nutzte es auch als Blickfang für eine weitere eigene Idee, das Brettspiel „König der Kellys", das als Extra auf verstärkter Pappe einer Ausgabe beilag. Mit großem Erfolg: Noch Jahre später tauchte das Gemälde-Motiv als (illegale) Fan-Bettwäsche im Netz auf.

Als die Kellys im Frühjahr 1996 ihre Tour starteten, blieben die Popcorn-Fotografen außen vor. Wie also sollte Popcorn über die Tour berichten? Wie weiland Wickie, der clevere Wikinger, gebar man in der Redaktion eine weitere neue Idee: Popcorn rief einen Fotowettbewerb unter den Lesern aus. „Schickt uns eure besten Kelly-Fotos." Mit den Bildern übermittelten die begeisterten Fans auch gleich die Abdruckerlaubnis. Im Nu saß Popcorn auf einem Schatz von Tausenden von Exklusiv-Fotos, kürte die Sieger des Wettbewerbs und druckte eine Doppelseite mit Leser-Bildern nach der anderen. Der kreative Schachzug trug Früchte, die Popcorn-Auflage wuchs stetig, bis sie 1996/1997 an der 600.000-Rekordmarke schrammte. Verkaufte Hefte, pro Monat.

Dass die Redaktion den Boykott von Dan Kelly so geschickt unterlief, mag das Kelly-Oberhaupt – selbst stets mit rebellischem Blut gesegnet – durchaus beeindruckt haben. Aber sauer war er trotzdem. Als die clevere Popcorn-Guerilla-Taktik zur Sprache kam, soll Dan Kelly unversöhnlich reagiert haben: „Am liebsten würd' ich das Magazin kaufen und den Chefredakteur feuern."

Dan Kelly ließ Popcorn und dessen Chefredakteur dann doch in Ruhe. Er kaufte das Magazin nicht. Er kaufte lieber ein Schloss.

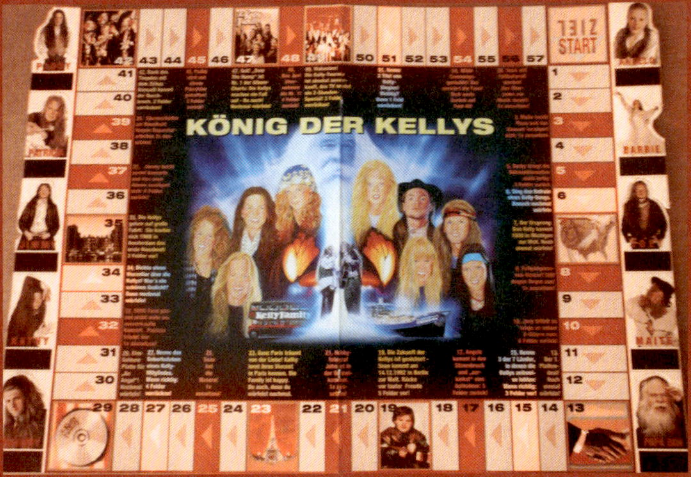

Spielspaß mit den Kellys: das von der Zeitschrift Popcorn erfundene Brettspiel „König der Kellys"

Kellys in Concert

Ist die Kelly Family die Band, die in ihrem Wirkungsbereich die meisten Konzerte gegeben hat? Wahrscheinlich. Sicher ist, dass sie für einige ganz besondere Livemomente sorgte.

➡ In Ejea de los Caballeros wurden die „Kelly Kids" geboren, und eigentlich sogar gegen den Willen von Dan Kelly. Der zweifelte nämlich am Können seiner Kinder, als im Juni 1975 das Angebot für den ersten Auftritt beim Dorffest in Santa Anastasia hereinschneite. Gut, dass Fernando Posa überzeugt war und seinen Freund Daniel überredete. In Ejea lernten die Kids auch, was Stehvermögen ist: Im Juli 1975 spielten sie bei einem Dorffest 14 Stunden, beinahe am Stück. John: „Wir haben nur zum Trinken Pause gemacht. Wir werden uns alle an dieses Konzert erinnern. Danach waren wir so fertig, als wären wir verprügelt worden."

➡ Auch Pamplona bleibt in Erinnerung: Dort organisierten die Kellys einen Auftritt. Aber es kam niemand. „Kein einziger", erinnerte sich John. Und Joey: „Als wir gehen wollten, kam eine und fragte, ob sie zu spät sei. Dann haben wir für die das Set vor der Halle gespielt."

➡ Auch wenn sich die Kellys Irland verbunden fühlen – umgekehrt war das anfangs nicht so. „Ihr seid keine Iren, ihr seid verdammte Amerikaner", wurden sie bei ihrem ersten Irland-Besuch im September 1977 nicht gerade freundlich empfangen. Aber die Kellys, die in Irland auf einem Campingplatz im Dubliner Vorort Shankill in einem Mobil Home lebten (in dem Paddy zur Welt kam), zeigten Nehmerqualitäten: Nach dem Motto „Jetzt erst recht" spielten sie zwischen Westküste (im McGanns Pub in Doolin hatten sie ihren ersten Auftritt) und Ostküste (im „Embarkment", einem legendären Pub im Dubliner Vorort Tallaght, der 2021 geschlossen wurde, spielten sie regelmäßig) hartnäckig gegen die Vorbehalte an. Mit Erfolg: Das Misstrauen wich der Begeisterung. Die Kellys bedankten sich und spendeten Weihnachten 1977 umgerechnet fast 3.000 Euro an das Dubliner orthopädische Cappagh Krankenhaus.

➡ Die Kellys kostenlos? Das gab es in der Hochzeit der Markt- und Straßenfestkonzerte für die Fans. Nicht aber für die Veranstalter der Feste. Konkretes Beispiel: 1993 rief Joey bei den Organisatoren des Reeser Stadtfests an und bot die Familienkombo als Live-Gast an. Der Deal, berichtete die Rheinische Post, kam zustande: Die Kellys kassierten 1.000 Mark Gage und bekamen die Erlaubnis, ihre CDs, Videos und Musikkassetten zu verkaufen – und, an zwei Bierständen, Guinness Bier.

➡ Das Konzert vom 15. Mai 1994 in der Dortmunder Westfalenhalle ist ein Schlüsselmoment der Kelly-Karriere. Halle gemietet, Tickets (ab fünf Mark) bei Straßenkonzerten selbst verkauft, ausverkauftes Haus! Maite: „Das war überwältigend. Wir waren nicht mehr die Straßenköter, wir waren eine Poprock-Band, die die größte Halle Deutschlands ausverkauft hatte.“ Joey fügt hinzu: „Und zwar im Alleingang! Das hatte es vorher nicht gegeben.“ Damit waren die Kellys endgültig vom Marktplatz-Wunder zum Massenmagneten geworden. Rührendes Highlight: Zum Showfinale führte Paddy seinen Vater Dan über die Bühne – sein erster öffentlicher Auftritt seit dem Schlaganfall 1990.

➡ Was für eine Setlist: 4 Non Blondes, Peter Gabriel, Die Toten Hosen, ZZ Top! Diese Bands spielten am 8. und 10. Juli 1994 beim „Out In The Green“-Festival in Winterthur in der Schweiz. Und am Samstag, 9. Juli, jubelten 25.000 Rock- und Hardrock-Fans ihren Helden von Whitesnake, Huey Lewis & The News, Extreme und Aerosmith zu. Und der Kelly Family! Die spielte da auch – und der Pop-Karpfen schlug sich im Becken der Rock-Hechte einwandfrei. Die Fans waren angetan und die Stars waren begeistert. Linda Perry von den 4 Non Blondes sah sich die ganze Show

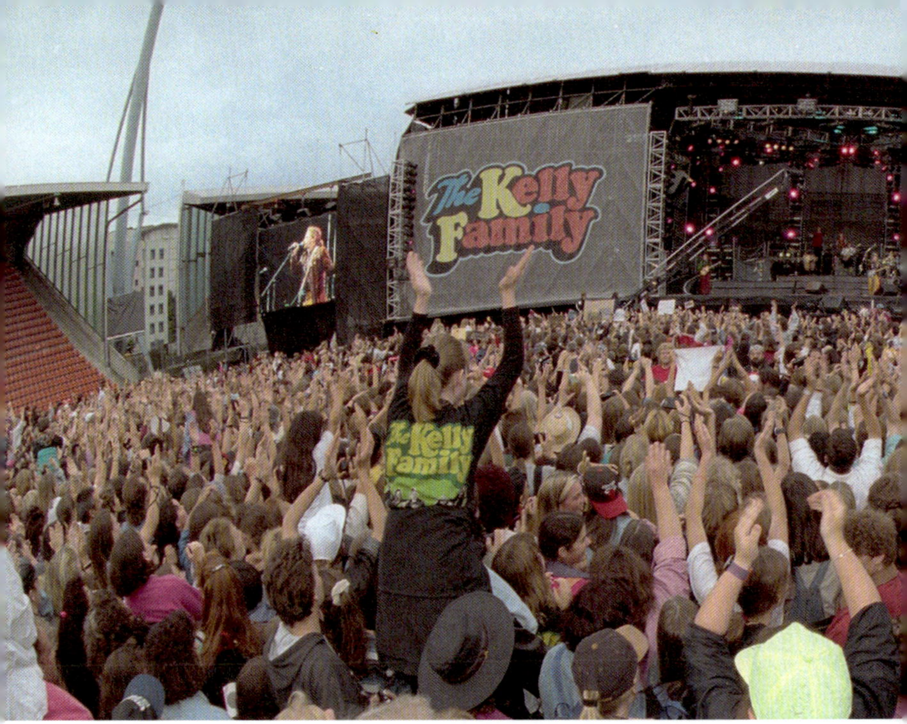

der Kellys an und tauschte CDs und Autogramme. Steven Tyler, Aerosmith-Frontmann, umarmte Angelo und Paddy und lobte sie überschwänglich als einen „der besten Rock-Acts, den ich je sah".

→ „Wir haben den Erfolg immer gewollt", sagte Joey einmal, „aber als er endlich kam, hat er uns überrascht und überrollt." Und zwar im wahrsten Sinne des Wortes. Dass plötzlich Kellymania herrschte, wurde am Samstag, 5. November 1994, dramatisch deutlich: Da strömten 6000 Kelly-Fans auf den Kirmesplatz von Bochum, um dort das dritte Konzert (zwei hatte es am Freitag bereits gegeben) zu erleben. Aber: In das Veranstaltungszelt passten nur 2000 Fans. Um eine Massenpanik zu verhindern, brachen die Kellys auf Bitten der Polizei das Konzert ab, als schon nach 20 Minuten fast 85 Fans in den ersten Reihen umgekippt waren. Die Kellys taten alles, ihre Fans zu beruhigen und gaben am Tag danach ein kostenloses Open-Air-Konzert. Mit den intimen Straßenkonzerten aber war es endgültig vorbei.

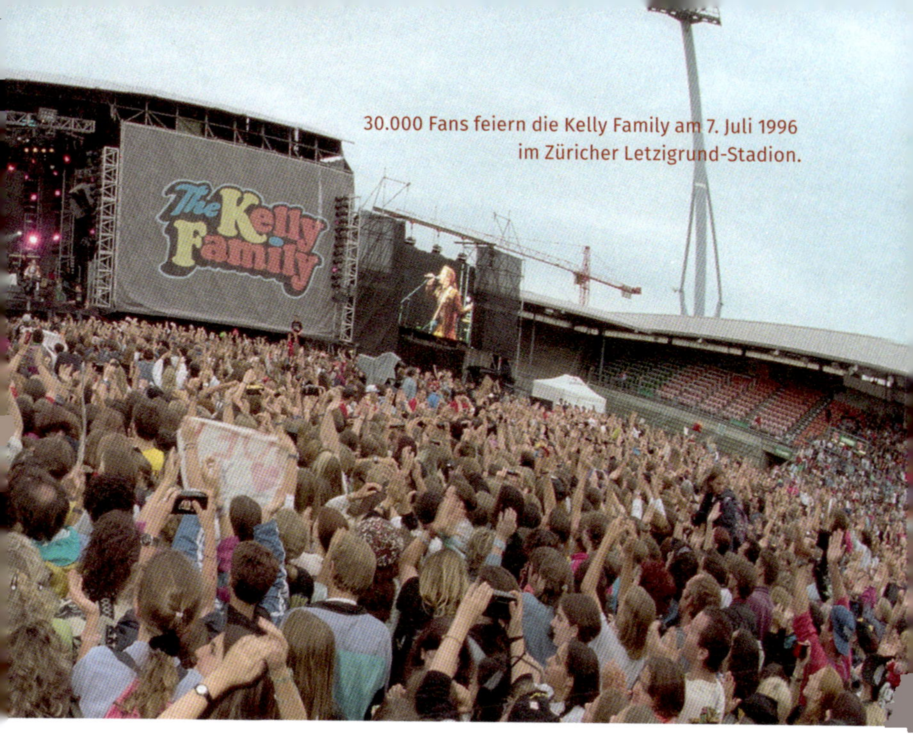

30.000 Fans feiern die Kelly Family am 7. Juli 1996 im Züricher Letzigrund-Stadion.

➡ Am 24. Juni 1995 war eine „Insel im Ausnahmezustand“, wie die österreichische Kronenzeitung schrieb. Nämlich die Donauinsel in Wien, wo die Kelly Family beim Donauinselfest das größte Konzert ihrer Karriere gab. Sie spielten 26 Lieder (plus vier als Zugabe), das ist überliefert, ebenso wie die Tatsache, dass Angelos Stimme stimmbruchbedingt tiefer wurde. Die Zuschauerzahlen dagegen stiegen: Die Bravo berichtete erst von 160.000 Fans, das Donauinselfestarchiv erhöhte auf 200.000, die Kronenzeitung später auf 250.000 und in der RTL-Zwei-Doku wurde von „inoffiziell 400.000“ gesprochen. Wie dem auch sei – eine unfassbare Zahl. Und natürlich Inselfest-Rekord.

➡ Vor 10.000 Fans traten am 21. Juni 1996 bei „Pavarotti & Friends“ auf der Freilichtbühne von Modena (Italien) unter anderem Liza Minelli, Eric Clapton und Elton John als Ehrengäste des italienischen Startenors Luciano Pavarotti auf. Und die Kelly Family. Es war deren zweiter Auftritt mit einem Tenor. Am 27. Januar 1996 waren sie in Chemnitz Teil der Benefiz-Gala „Einmal um die ganze Welt“ von und mit Jose Carreras.

➡ Als ihr „Zentralorgan" Geburtstag feierte, durfte die Kelly Family nicht fehlen. Mehr noch: Sean Kelly, Kathys vierjähriger Sohn, hatte die Ehre, am 25. August 1996 in der Münchner Olympiahalle die Kerzen auf einer Geburtstagstorte auszublasen. An diesem Tag wurde die Bravo 40 Jahre alt. Backstreet Boys, Caught In The Act, Roxette, die Bee Gees, Bryan Adams – es war alles da, was Rang und Namen hatte. Aber die Kellys waren die heimlichen Stars. Auf Wunsch der Band wurde als Finale mit allen Künstlern „We Are The World" gesungen. Nur das mit den Kerzen klappte nicht so gut. Sean bekam die Dinger nicht aus, da half Moderator Thomas Gottschalk mit und löschte sie – mit den Schuhen!

➡ Bis zum Jahr 1999 spielten die Kellys sechsmal live in der wunderschönen Loreley Freilichtarena. Sie traten stets vor ausverkauftem Haus auf, sogar als ein Wolkenbruch (1998) niederging. Vor dem Auftritt am 21. August 1999 ehrte sie die „Loreley-Stadt" St. Goarshausen für eine besondere Leistung: Als erste Band hatten die Kellys bei ihren Konzerten über 100.000 Fans an den berühmtesten deutschen Felsen gelockt. Auch solo kehrten viele Kellys, zuletzt Michael Patrick (Paddy) am 25. Juni 2022, in die Traumarena zurück.

➡ Am 4. November 2016 verkündete Angelo in der „NDR Talk Show", dass die Kelly Family am 19. Mai 2017 eine einzige gemeinsame Show spielen werde. Als der Vorverkauf für das Konzert in der Dortmunder Westfalenhalle startete, waren alle Tickets nach acht Minuten ausverkauft. Auch die Karten für zwei eilends anberaumte Zusatzkonzerte gingen weg wie die warmen Semmeln. Die Konzerte der geschrumpften Kelly Family (Kathy, John, Patricia, Jimmy, Joey, Angelo, Paul) wurden zum Triumphzug. Das Comeback war nicht aufzuhalten. Album („We Got The Love", 2017) und Tourneen (2018, 2020) folgten.

No Sex, no Drugs, just Rock'n'Roll

Wilde Partynächte on the road? Von wegen. Wild wurde bei solchen Aussichten höchstens Papa Dan ...

Dauernd auf Tour, permanent unterwegs. Erst im Bully, dann im Doppeldecker, im Privatjet und in Fünf-Sterne-Hotels. Frage aller Fragen: Hatten die Kellys Groupies? Ja, gestand Joey. „Mal auf dem Hotelzimmer. Aber nicht on tour. Backstage waren keine Fans erlaubt." Denn Papa Dan kannte seine Pappenheimer. „Er wollte nicht, dass die Fans ausgenutzt werden." Die Fans waren meistens minderjährig – da dürfte also auch Selbstschutz dabei gewesen sein.

Das Klischee „Sex and Drugs and Rock'n'Roll" konnten die Kellys nur zu einem Drittel ausleben. Turteleien mit Fans waren tabu, auch für die Roadies. „Da hatte mal einer was mit nem Fan, der wurde sofort gefeuert." Alkohol war backstage ebenso für alle ein No-Go. Geraucht hat auch keiner „und schon gar keine Drogen". In den Hotels wurden alle Minibars ausgeräumt, bevor die Kelly-Truppe einzog. Joey: „Sogar die Pay-TV-Kabel wurden einkassiert." Papa und sein „Teamkapitän" Kathy passten auf wie die Schießhunde. „Im Hotel gab es auf dem Flur immer Security. Die war dafür da, dass keine Fans reinkamen. Aber auch, dass wir nicht rauskamen", so Joey. „Aber ich bin doch öfter abgehauen. Einmal hat mich ein Bruder verpetzt, da gab's nen Mordsärger."

„Unser Vater hat uns maximal beschützt", sagte Paddy. Und schoss dabei auch übers Ziel hinaus. Joey: „Er hat teilweise unfassbar übertrieben. Ich war 24 und durfte trotzdem nicht alleine raus." Paddy durfte bis zum 18. Geburtstag offiziell keine Autogramme oder Interviews geben.

Aber nicht nur wegen „Bad Cop" Papa Kelly (Paddy: „Er sagte: ‚Wenn ihr einen Nein-Sager braucht, zeigt auf mich.'") war es stressig. Joey lächelnd: „In so einem großen Team dreht immer einer durch. Es gab immer einen, der grad seine Tage hatte ..."

Der steinerne Albtraum

Wie buchstabiert man Albtraum?
Im Falle der Kellys: S-c-h-l-o-s-s-G-y-m-n-i-c-h!

„Was wollten wir Straßenkinder in so einem Scheißschloss?" – „Gymnich war eine Vision unseres Vaters, die scheiterte." In der Rückschau kritisierten es Joey und Angelo, dass ihr Vater das 600 Jahre alte Wasserschloss Gymnich kaufte. Die Mehrheit der Nicht-Kelly-Fans dachte drastischer: Jetzt sind sie völlig übergeschnappt.

Obwohl: Die hatten schon Gift und Galle gespuckt, als die Family 1996 in Irland für eine Million irische Pfund (wären heute rund 1,2 Mio. Euro) den Landsitz East Grove nahe Cobh kaufte – inklusive 5,5 Hektar Land und einer Villa im gotischen Stil aus dem 19. Jahrhundert. Dan Kelly, der alte Schlauberger, hatte sich East Grove günstig geangelt. Im Juli 1998 toppte er diesen Coup locker: Bei der Zwangsversteigerung der Gymnich-Anlage südwestlich von Köln erhielt er am 15. Juli 1998 für 13,1 Millionen Mark den Zuschlag. Ein echtes Schnäppchen für das ehemalige Gästehaus der Bundesregierung mit seinen 23 edlen Suiten und dem 273.000 Quadratmeter großen Park: 1987 hatte ein japanischer Investor noch 28 Millionen hinblättern müssen.

Wollte sich Dan Kelly einen Traum erfüllen oder das bereits bröckelnde Familiengefüge mit aller Macht zusammenhalten, in dem er seine Kinder in einen goldenen Käfig steckte? Der Traum wurde schnell zum Albtraum. „Es war dekadent", gab Paddy zu. Angelo sagte: „Es war das Ergebnis von zu schnellem Ruhm. Uns ist der Erfolg zu Kopf gestiegen. Wir fühlten uns wie Könige."

Wörtlich. Paddy wohnte auf Gymnich in der Karl-Gustav-Suite, benannt nach dem König von Schweden. Der hatte da ebenso mal übernachtet wie die englische Queen, US-Präsident Reagan oder DDR-Capo Honecker. Die erste Begeisterung verflog schnell. Paddy: „Es war viel zu groß. Ich habe da nicht gern gelebt."

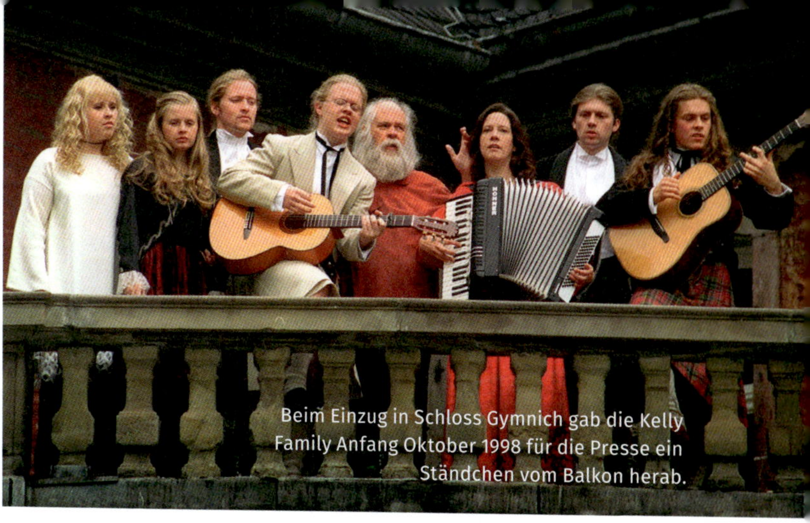

Beim Einzug in Schloss Gymnich gab die Kelly Family Anfang Oktober 1998 für die Presse ein Ständchen vom Balkon herab.

Drinnen herrschte bald Ernüchterung, draußen das Chaos. Die Fans hatten einen neuen Wallfahrtsort! Sie setzten das Schloss unter eine Belagerung, die die trutzigen Mauern seit ihrer Urzeit als Ritterburg nicht erlebt hatten. Die Anwohner stöhnten unter wildem Zelten und noch wilderem Urinieren der Kelly-Fans, Drogenhändler witterten Kunden, der Arbeiter Samariter-Bund schickte im Winter einen Wagen und päppelte die frierenden Kids mit Suppe, Tee und Kinderriegeln auf. Es gab Stress, der bis vor Gericht führte.

Die Kellys merkten bald, dass sie in der Falle saßen. Und wollten wieder raus. Patricia zog als erste aus, Angelo tauschte seine Nobelsuite gegen eine winzige Altstadtwohnung im Herzen Kölns, John setzte sich nach Spanien ab. Am Ende wohnte nur noch Dan Kelly im altehrwürdigen Gemäuer. Ein einsamer König, umsorgt von seinen Pflegern.

Das „Vergnügen" war kurz: Schon nach einem Jahr wollten die Kellys Schloss Gymnich wieder loswerden. Aber das zog sich über zehn Jahre hin. Unter Joeys Federführung gelang es im Juli 2012 schließlich, das Schloss zu veräußern. Für 3,05 Millionen Euro, ein Minus von rund drei Millionen. „Endlich", seufzte Joey trotzdem erleichtert und kommentierte das Verlustgeschäft fatalistisch: „Wir haben das Ding verpackt und mit Verlust verkauft. Aber scheiß drauf, wir haben daraus gelernt." Aber: „Gymnich war der Anfang vom Ende."

Der König geht

Daniel Jérome Kelly war Zeit seines Lebens ein Kämpfer. Er stritt für eherne Ziele und gegen Dämonen in sich selbst. Auch dem Sensenmann ergab er sich nicht kampflos.

„Wir wussten nicht, was passierte, als er plötzlich auf dem Boden lag." 2017 schilderte Patricia Kelly, wie sie und ihre Geschwister Dans ersten Schlaganfall im Juni 1990 erlebten. Nur dem beherzten Eingreifen eines Nachbarn sei es zu verdanken, dass Dan überhaupt überlebte. Zäh, ehrgeizig und ausdauernd kämpfte er sich ins Leben zurück – mit allen tapferen Eigenschaften, die Iren zugeschrieben werden. Überwand erst wochenlanges Koma im Amsterdamer Krankenhaus, dann die Sprachstörungen und die halbseitige Lähmung.

In Gymnich sahen ihn noch Fans einen Spaziergang im Schlosspark machen („Papa Dan ist richtig fit", war von einem Bravo-Leser-Reporter zu hören), dann schlug der Blitz im Oktober 1999 erneut im Gehirn des Clan-Chefs ein. Der Anfang vom Ende. Im Dezember 2001 folgten eine Blutung im Kleinhirn. Dan Kelly konnte nicht mehr sprechen, nicht mehr laufen – aber er weigerte sich zu gehen, noch über ein halbes Jahr lang.

Seine Kinder – auch Caroline und Paul kamen ans Krankenbett, das zum Sterbebett wurde –bekamen Zeit, sich zu verabschieden. Und sich zu versöhnen. Maite etwa, die im Groll gegangen war, söhnte sich bei einem sonntäglichen Erdbeereis-Ritual aus. Für Joey, der lange gegen seinen Dad rebelliert hatte, kam ein „Auslagern" in eine Reha-Klinik nicht in Frage: „Er hat sich früher um uns gekümmert, jetzt kümmern wir uns um ihn." Mindestens ein Kelly-Spross saß immer am Bett, die neuen Lieder wurden vorgespielt, man kommunizierte über Gesten und Blicke. In den letzten Wochen verlor Dan mehrfach das Bewusstsein und kämpfte sich doch immer wieder zurück.

Es war ein Montag, der 5. August 2002, als Dan Kelly sich endlich einer höheren Macht beugte. Seine Kinder saßen am Bett, als Dan, 71-jährig, friedlich für immer einschlief. „Tod durch Hirnschlag“ konstatierte der Hausarzt. Im Tod wurde Dan ein richtiger Ire: Er wurde nach einem Trauergottesdienst in der Sacred Heart Church am 10. August auf dem Darrara Graveyard bei Clonakilty beigesetzt – rund 20 Kilometer von Enniskeane entfernt, dem Geburtsort seines Großvaters Sean. Tags darauf kamen zur Gedenkmesse in der Kirche Sankt Maria Himmelfahrt nahe dem Kölner Dom Hunderte von deutschen Fans und nahmen Abschied.

Der König war tot. „Mit Papas Tod zerfiel die Familie“, sagte Maite 2016, aber das Reich von König Kelly war schon vorher – und zwar familiär wie finanziell – in Auflösung begriffen. Prinzen und Prinzessinnen zerstreuten sich in alle Winde. Kathy war als Solokünstlerin aktiv, Barby und John hatten sich aus Family und Öffentlichkeit zurückgezogen. Die Kelly Family bestand künstlerisch im Jahr 2002 aus Angelo, Maite, Paddy, Joey, Jimmy und Patricia. Und das Sextett musste feststellen: Der Lack war ab. Das war ihnen sogar schon zu Papa Dans Lebzeiten bitter bewiesen worden.

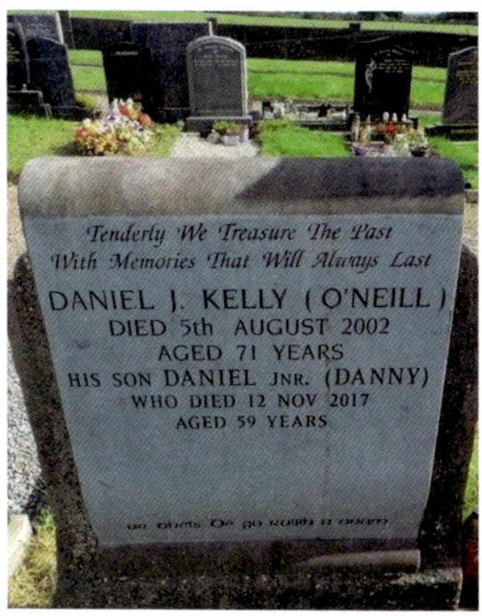

Die Grabstätte der beiden Daniels: Vater und Sohn wurden auf einem Friedhof bei Clonakilty zur letzten Ruhe gebettet.

Jubel und Jammer

Der Weg hinauf bis zur absoluten Kelly-Ekstase hatte nur knapp vier Jahre gedauert. Runter vom Pop-Thron ging es allerdings fast noch schneller.

Ein Bambi, der goldene und der silberne Bravo-Otto, ein Echo (Joey stolz: „Den hat uns Tina Turner überreicht!"), zwei Comet-Awards, die Goldene Europa, der Goldene Löwe von RTL, RSH-Gold, sieben Platin-Platten in Deutschland, je vier in Österreich und der Schweiz, weitere Platin-Auszeichnungen in Dänemark, Italien, Niederlande, Norwegen, Polen, Spanien und sogar eine Goldene (für „An Angel") in Japan – mit diesen Auszeichnungen wurde die Kelly Family allein in den Jahren 1995 und 1996 überschüttet. Im Jahr 1999 gab es, bis auf den (nochmals güldenen) Bravo-Otto, nichts mehr.

Die Welle des Erfolgs versandete schneller als die Woge des Wahnsinns. Schloss Gymnich lag unter Fanbelagerung. Die Kellys konnten sich ohne Personenschutz nirgends frei bewegen. Dan Kelly entglitt – krankheitsbedingt – die Kontrolle über die Familie. Das alles zehrte und zerrte an den Nerven der Kellys. Nach „From Their Hearts" vergingen vier Jahre, bis mit „La Patata" ein neues Studioalbum erschien, aber an dem waren nur noch sechs statt neun Kellys beteiligt.

Und diese Sechs mussten dann auch den größten Nackenschlag ihrer Karriere verdauen. Im Februar 2002 wollten sich die Kellys in der Kieler Ostseehalle einen lang gehegten Traum erfüllen und sich für die Teilnahme am Eurovision Song Contest qualifizieren – für Deutschland. Angelo, Maite, Paddy, Joey, Jimmy und Patricia gingen mit „I Wanna Be Loved" und als Favoriten an den Start. Aber schon der Empfang des Saalpublikums war eisig, es wurde gebuht.

Die Abneigung der Anti-Kelly-Fans war effektiver als die Zuneigung der Kelly-Army. Das Ergebnis: ein „Schlag ins Gesicht", wie Maite frustriert erklärte. Die Kelly Family wurde vom TV-Publikum nur auf Rang vier gevotet, kam nicht mal in die Finalrunde der letzten Drei. Es siegte Corinna May (die beim ESC in Tallinn dann Viertletzte wurde) vor Blues-Legende Joy Flemming und dem No-Hit-Wonder Normal Generation.

Die Kellys waren geschockt. Denn eine ESC-Teilnahme hätte vor allem monetär gutgetan. Denn zum steigenden Desinteresse an der Band – „La Patata“ hielt sich nur sechs Wochen in den Charts und verkaufte kaum 60.000 Einheiten – kam bei der Sichtung der Unterlagen nach Dans Tod eine bittere Erkenntnis ans Licht: Die Kohle war weg!

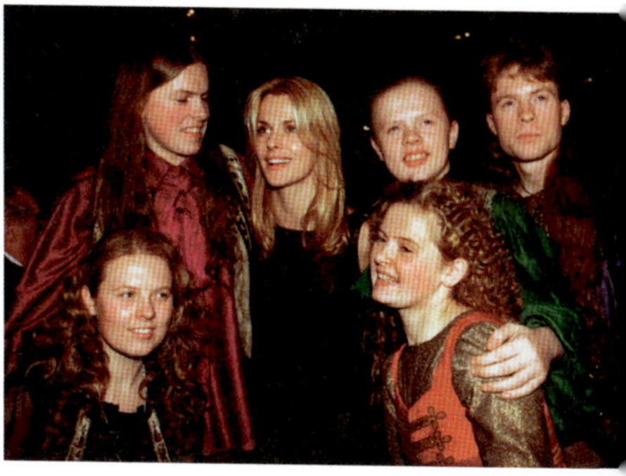

Die Schöne und die Supererfolgreichen: Nastassja Kinski freut sich mit Patricia, Paddy, Barby, Angelo und Jimmy über den Bambi, den die Kellys 1995 in München kassierten.

Wie war das möglich? Angelo erklärte es in Interviews: Ja, die Familie nahm über mehrere Jahre hinweg bis zu 300 Millionen Mark ein. Allerdings blähte sich die Firma zu einem Moloch von 400 Angestellten weltweit auf. „Der hat, wie Pac Man, alles aufgefressen.“ Nach dem Motto „Unwissenheit schützt vor Strafe nicht“ mussten sich die Kellys auch an die eigenen Nasen fassen. Man genoss zwar Erfolg und Reichtum, gönnte sich teure Hotels und Privatflüge, hatte aber „keine Ahnung von Buchhaltung und Steuern“ und irgendwann den „Überblick komplett verloren“. Dann forderte das Finanzamt eine Nachzahlung von zehn Millionen Euro. Angelo: „Eben war dieser absurde Luxus für uns Alltag, dann waren wir quasi schlagartig pleite.“ Joey: „Wir hatten nicht ein bisschen Schulden, wir waren millionenfach in den Miesen.“

Ebbe in der Kelly-Kasse. Mal wieder back to the Roots?

Kelly Family. Eine Zeitreise

Teil 2: Kellymania!

Kommt eine Familie an den Ticketschalter und sagt: „Einmal Wahnsinn und zurück, bitte ...“

19.10.1988	Offizielle Gründung der eigenen Plattenfirma „Kel-Life Music Production GmbH“ in Bergisch-Gladbach. Dan Kelly ist alleiniger Geschäftsführer.
21.10.1989	Auftritt der Kelly Family in „Ein Kessel Buntes“, der größten Unterhaltungsshow der DDR
Juni 1990	Dan Kelly erleidet einen schweren Schlaganfall.
01.09.1990	Veröffentlichung des Albums „New World“, dem ersten, das von Hartmut Pfannmüller produziert wurde
17.06.1993	Zweite Erwähnung der Kelly Family in der Bravo („Ist es wahr, dass die Kelly Family auf einem Boot lebt?“)
01.07.1993	Veröffentlichung des Albums „Wow“
15.05.1994	Die Kelly Family spielt erstmals in der ausverkauften Dortmunder Westfalenhalle – sie hatte das Konzert selbst organisiert.
11.08.1994	Ein Kelly – und zwar Paddy solo – ziert erstmals ein Bravo-Cover.
26.08.1994	Veröffentlichung des Albums „Over The Hump“. Am 19. Dezember erreicht es Platz eins der deutschen Charts.
03.10.1994	Veröffentlichung der Single „An Angel“. Am 5. Dezember erreichte sie Platz zwei der deutschen Charts, ihre höchste Position.

In Bochum drängen 6000 Fans in das 2000-Mann-Zelt. Die Polizei beendet aus Sicherheitsgründen das Konzert.	05.11.1994
Die Kellys spielen vor geschätzt 250.000 Fans beim Donauinselfest in Wien das größte Konzert ihrer Karriere.	24.06.1995
Bei der 47. Verleihung des Bambis in München wird der Kelly Family der Preis in der Kategorie „Pop" überreicht.	18.11.1995
Beim fünften Echo wird die Kelly Family als „Gruppe des Jahres international" ausgezeichnet.	23.02.1996
600 Millionen TV-Zuschauer verfolgen den Auftritt der Kelly Family beim Festival „Rainbow Around The World" in Peking, China.	10.05.1996
Die Single „I Can't Help Myself" wird innerhalb von 24 Stunden 280.000-mal verkauft – deutscher Verkaufsrekord. Der Titel erreicht am 26. August Platz eins der Charts.	17.07.1996
Das Album „Almost Heaven" erscheint. Es steigt von null auf eins in die deutschen Charts.	27.10.1996
Veröffentlichung des Albums „Growin' up". Es entert die Charts auf Platz eins.	04.11.1997
Vor dem Konzert in Ostrava (Tschechien) geht eine Bombendrohung ein, die Halle musste geräumt werden.	05.11.1997
Veröffentlichung des Albums „From Their Hearts". Mit dem Chartsentry auf Rang drei erreicht es seine beste Platzierung.	01.11.1998
Beim Vorentscheid zum „Eurovision Song Contest" erreicht die Kelly Family nur Rang vier.	22.02.2002
Dan Kelly stirbt an den Folgen einer Hirnblutung.	05.08.2002

Die Kelly Family von A bis Z

Hätten Sie's gewusst? Eine stichwörtliche Reise durch die Kelly-Karriere.

Almost Heaven", der Titel des 12. Studioalbums, das am 27. Oktober 1996 erschien, entstand, als Papa Dan erstmals die fertigen Songs hörte und, vor Rührung weinend, meinte: „Wow, it's almost heaven" (Es ist nahezu himmlisch).

Bayern, das ungeliebte Bundesland? Obwohl die Kellys hier früher sogar kurz lebten, gaben sie in den tourintensiven Jahren 1990 bis 1994 dort erstaunlich wenige Straßenkonzerte. Im Jahr 1994 zum Beispiel wurde insgesamt in über 200 deutschen Städten gespielt, aber nur in sieben bayerischen.

Daniel (aus Viersen) und Andri (aus Buxtehude) sind die beiden deutschen Mega-Fans, die mit ihrer Arbeit an und für www.kellyfamilysite.de (seit 2005), die Facebook-Seite „Kelly Family Site" (seit 2011) und dem Podcast „Keep On Singing" (seit 2021) einen Mega-Beitrag leisten, die Kelly Family allgegenwärtig und vor allem die Erinnerung an die große Zeit lebendig zu halten. Was ganz witzig ist, weil die beiden, als die Kellymania 1994 begann, noch im Kindergartenalter waren.

Cobham, Billy: Fusion- und Jazz-Drummer und Schlagzeuglehrer von Angelo. Cobham wurde vom Magazin „Rolling Stones" als Nr. 45 der besten Schlagzeuger aller Zeiten gelistet. Er formte Angelo durch seinen Unterricht in den frühen 90er-Jahren zum Spitzendrummer. Obwohl Angelo auch den Bon-Jovi-Drummer Tico Torres als Vorbild bezeichnete und Lars Ulrich (Metallica) mag, verehrt er keinen anderen Drummer so wie Billy Cobham. Er nahm mit ihm ein Album auf und er benannte seinen jüngsten Sohn nach Cobhams Geburtsnamen: William Emanuel.

Erlaubnis: „By my Permission" („Mit meiner Erlaubnis") stand auf dem wichtigsten Backstage-Tour-Pass. Auf dem Pass war ein Bild von Dan Kelly höchstpersönlich. Nur wem er seine persönliche Erlaubnis gab, standen alle Türen offen. Witziger war der Backstage-Pass für die 1997er-Tour, der fünf der Kelly Kids mit nacktem Hintern zeigte.

Fell In Love With An Alien": Das Video für die von Paddy geschriebene Single wurde Anfang 1997 in Dublin, unter anderem in der St. Catherine's-Kirche, gedreht. 230 Komparsen spielten als Aliens mit. Das Video kostete eine Million Mark und war das teuerste der Kelly Family. Und das blutigste: Barby und John wurden von einem tierischen Komparsen, einem Ackergaul, gebissen und mussten verarztet werden.

Grillfest: Die „Freundschaft" mit der Bravo ging so weit, dass die Kellys sogar an einem Grillfest teilnahmen, das Chefredakteur Büchelmaier im heimischen Garten veranstaltete. Um einen Fan-Ansturm in der oberbayerischen Pampa bei Landsberg am Lech zu vermeiden, wurde die Aktion top secret behandelt. Papa Dan war nicht dabei – ließ sich aber pausenlos per Telefon von Kathy und Patricia informieren.

Hungersnot: „An Gorta Mor" (irisch: „Die große Hungersnot") war schuld, dass die Ahnen der Familie Kelly im 19. Jahrhundert von Irland nach Amerika auswanderten. Sie wütete zwischen 1845 bis 1849. Der Pilz „Phytophthor infestans" löste die Kartoffelfäule aus, die die Kartoffelernte vernichtete. In Folge der Hungersnot starben über eine Million Menschen, damals rund ein Achtel der irischen Bevölkerung. Zwei Millionen Überlebende suchten ihr Heil in der Auswanderung nach Australien, Kanada oder Amerika. Unter ihnen war auch Sean O'Kelley, der Urgroßvater von Angelo & Co., der mit seinen Angehörigen eines wegen der katastrophalen Zustände an Bord auch „Coffin Ships" (Sarg-Schiffe) genannten Emigrationsschiffe bestieg.

I Can't Help Myself": Die erfolgreichste Single überhaupt (einzige offizielle Nummer eins der deutschen Single-Charts und Charts-Spitzenreiter in sieben weiteren Ländern), ist Vater Dan gewidmet.

Johnny Logan (bürgerlich: Seán Patrick Michael Sherrard) ist der einzige Künstler, der den Eurovision Song Contest zweimal (1980 und 1987) gewann und zudem den Siegertitel von 1992 komponierte. Der irische Sänger ist ein alter Freund der Kelly Family. Sie lernten sich 1977 bei einem Auftritt in einem irischen Pub kennen. Sie blieben immer in Verbindung, unter anderem trat Logan 1995 in der Kelly-Weihnachtsshow „Weihnachten für alle" mit der Family auf und sang mit ihnen „Amazing Grace".

„Kein schöner Land": Barbara-Ann Kelly liebte das Musizieren und sang auch gerne, hielt sich aber stimmlich meist im Hintergrund des Chors. Nur bei „Kein schöner Land", enthalten auf dem Polydor-Album „Ein Vogel kann im Käfig nicht fliegen – die schönsten deutschen Lieder" teilt sie sich mit Dan die Hauptstimme und singt ein paar Solozeilen.

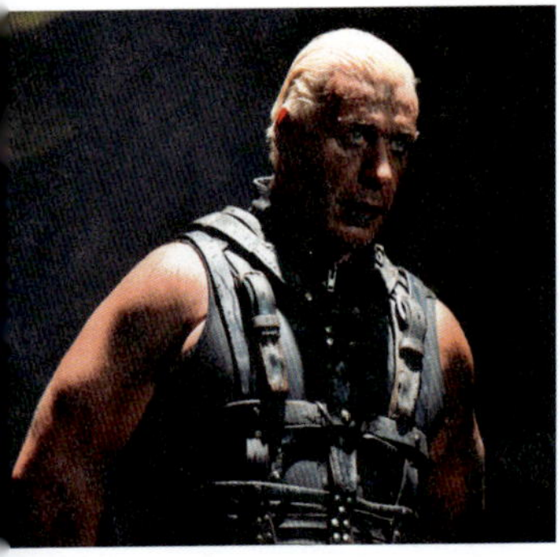

Lindemann, Till: Nach Anlaufschwierigkeiten (Joey: „Beim ersten Treffen wollten sich Rammstein nicht mit mir fotografieren lassen.") entwickelte sich zwischen dem Rammstein-Frontmann und Joey eine enge Freundschaft. Sie unternahmen diverse Extrem-Abenteuer (Alaska, Amazonas-Gebiet) miteinander. Besondere Ehre: Till ist Patenonkel von Joeys Sohn Leon.

Mauer: Im Mai 1995 ließen die Kellys nahe der Anlegestelle ihres Hausboots am Auenweg im Mülheimer Hafen eine zwei Meter hohe Mauer errichten – als Schutz vor den Fans. Die kamen in

Scharen, aber nicht nur zum Gucken. Einige versuchten, das Schiff zu entern. Die Mauer wurde zum Anlaufpunkt für Fans aus aller Welt und avancierte nach dem Tod von Barby 2021 zur Gedenkstätte.

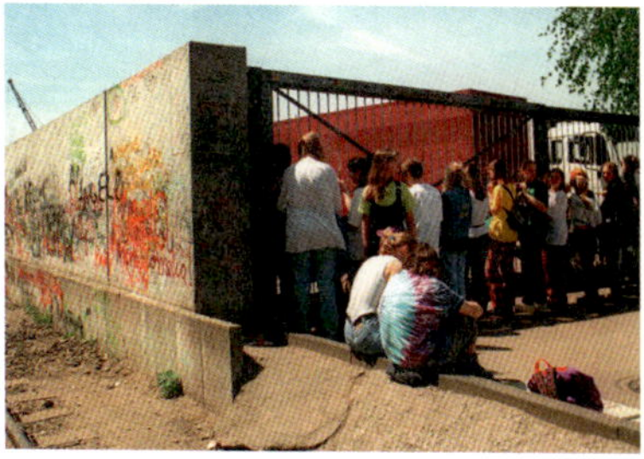

Niederwieser, Stephan: Der studierte Germanist und gelernte Heilpraktiker (Jahrgang 1962) arbeitete Mitte der 90er-Jahre als Redakteur für den Burda Verlag und recherchierte mit Fotograf Christian Otto die „spanischen Wurzeln" der Kelly Family. Das Ergebnis ihrer Reise nach Gamonal, Belascoáin und Pamplona kam 1996 als „Kuschel-Rock Special: Kelly Family" für 3,80 D-Mark auf den Markt. Die 48-seitige Sonderausgabe ist ein Highlight in der kurzen Geschichte von „Kuschel-Rock – Deine Zeitschrift zum Verlieben", die 1992 zur kultigen Balladen-Plattenserie gelauncht, aber schon 1997 wieder eingestellt wurde. Niederwieser machte sich später als Autor von Ratgebern und Romanen über Homosexualität einen Namen.

Ojos Negros" („Schwarze Augen") ist ein beliebtes chilenisches Liebeslied, das in den 1940er-Jahren komponiert wurde. Zu den Künstlern, die das Lied aufnahmen, zählen Nat King Cole, The Dubliners und Freddy Quinn. Das Lied sangen die Kelly Kids auf den Straßen Spaniens und nahmen es 1977 für die MC „Kelly Family Tours Europe" auf. 2010 sang es Jimmy Kelly für sein Soloalbum „The Home Sessions" neu ein.

Pavarotti, Luciano: Die Kellys lernten den Startenor im Mai 1996 bei einem TV-Auftritt kennen. Pavarotti war von der Family derart begeistert, dass er sie zu seinem Benefizkonzert „Pavarotti & Friends" (21. Juni 1996) einlud, wo er „Ave Maria" und „Ares qui" mit ihnen sang.

Que Dios Ayude: Spanischer Titel des Lieds „Gott deine Kinder", dass die Kelly Family 1996 für den 34. abendfüllenden Disney-Zeichentrickfilm „Der Glöckner von Notre Dame" aufnahm. Das Video, das sie dazu drehten, wurde im Abspann des Kinofilms gezeigt – eine Ehre, die zuvor keinem anderen Künstler zuteilwurde. Der Film spielte 325 Millionen Dollar ein und wurde 1997 in der Kategorie beste Filmmusik für einen Oscar nominiert.

Rheinfels: Burg Rheinfels oberhalb von St. Goar gelegen war Schauplatz für zwei Videodrehs. 1995 entstand der Clip zu „Why, Why, Why", 1996 der für „Gott deine Kinder".

Speyer: Zu der Domstadt in Rheinland-Pfalz haben die Kellys mannigfaltige Verbindungen. Erstens wurde die Uhr im alten Stadttor „Altpörtel" vom Uhrmacher Johan Jacob Möllinger gefertigt, der ein direkter Vorfahr von „Mama Kelly" Barbara-Ann ist. Zweitens ruhten hier im Technik Museum jahrelang sowohl ein Doppeldecker-Bus als auch das Hausboot Sean O'Kelley – bis beide für die Arbeiten an der TV-Doku 2022 wieder flott gemacht wurden.

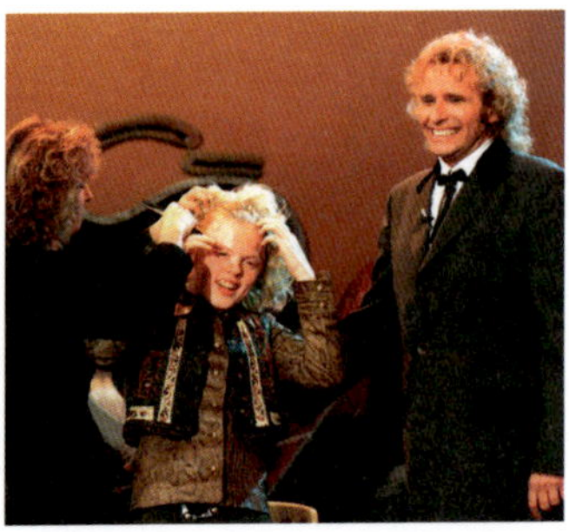

Thomas Gottschalk lud als TV-Moderator die Kellys häufiger in seine Sendungen. Legendär wurde die „Wetten, dass..?"-Show am 7. Oktober 1995, als sich Angelo Kelly zum Entsetzen der Fans nach verlorener Wette die Locken schneiden ließ – allerdings war es nur eine Perücke ...

Ullrich, Corinne: Sie war die erste bei Bravo für die Kelly Family zuständige Redakteurin und schrieb alle Storys ab 1993. Als sie 1995 die Redaktion verließ, übernahm – mit Plazet der Kelly Family – Wilma Schönhoff die redaktionelle Betreuung.

Villa Pina: Basislager auf der Insel Capri, in dem die Kellys im Frühjahr 1996 für zwei Monate Quartier bezogen, um hier in den „Capri Digital Studios" ihr Album „Almost Heaven" fertigzustellen. 1993/94 nahmen Roxette im selben Studio ihr Album „Crash! Boom! Bang!" auf.

Widmung: „Dedicated to Natalie" steht als Widmung auf dem LP-Cover von „Almost Heaven". Hintergrund: Natalie Astner, siebenjähriger Fan der Kelly Family, wurde im September 1996 Opfer eines Verbrechens. Das rührte die Kellys so sehr, dass sie ihrem tragisch verstorbenen Fan ein Andenken setzen wollten.

Xmas: Das X für die Silbe „Christ" ist in England seit 1551 belegt, das „Xmas" für „Christmas" also normal. Die Kellys feiern das Weihnachtsfest jedoch nach spanischem Brauch, das heißt, dort werden die Geschenke erst am 6. Januar verteilt. 1996 machten die Kellys demnach sich selbst zum größten Geschenk für 10.000 Fans – sie spielten an „ihrem Weihnachtsabend" in der Münchner Olympiahalle.

Ya Viene La Vieja: Das spanische Kinderlied (deutsch: „Seht, der Alte kommt") war eines der ersten Lieder, das die Kellys aufnahmen – mit einem Kassettenrecorder. Es wurde 1975 mit 13 anderen Weihnachtsliedern auf der Musikkassette „Familia Kelly Canta La Navidad" verewigt, die die Kellys bei Auftritten ab Spätherbst 1975 verkauften.

Zirkus Alfredo Nock: In dem Schweizer Zirkus spielten die Kellys im Dezember 1980 während dessen Engagement in Freiburg. Im Breisgau hatte der Doppeldecker der Kellys seinen Geist aufgegeben, der sie eigentlich nach Irland bringen sollte. So überwinterten die Kellys im Ferienhaus „St. Lioba" im Schottenhöfer Tal in der Schwarzwaldgemeinde Nordrach. Family-Fact: Hier wurde Angelo gezeugt, Dan nannte ihn mal „Schwarzwaldkindle".

Patricia – die Unverwüstliche

46 Jahre nachdem Maria Patricia Kelly mit dem Musizieren begann, veröffentlichte sie ihr fünftes Soloalbum. Der Titel bringt Patricias Leben auf den Punkt: „Unbreakable“ – unzerstörbar.

Während die Kellymania tobte, war Patricia immer die Freundliche, die Sympathische, die Hübsche, die mit dem Lächeln. Das hat sie nie verloren. Dabei gab es damals und später genügend, an dem man hätte zerbrechen können. Aber sie tat es nicht. Als sie zwölf war, starb ihre Mutter. Das war schlimm und in der Folge hätte sie vielleicht selbst gern ein wenig getrauert, anstatt sich mit zwei älteren Schwestern um den alkoholkranken Vater und sechs jüngere Geschwister zu kümmern.

Das machte sie so gut, dass sie ihr Vater, als die Kelly-Karriere ins Rollen kam, zum Co-Manager beförderte. Bis sie im Juni 1996 ausgeknockt wurde – von einer Kaffeemaschine. Was witzig klingt, entwickelte sich dramatisch: Die geplante „kurze Pause wegen Gehirnerschütterung“ zog sich monatelang hin. Patricia kehrte erst 1997 auf die Bühne zurück. Und enthüllte erst zwei weitere Jahre später die ganze Wahrheit: Schon 1993 war bei ihr eine Rückenmarksentzündung diagnostiziert worden. Die hatte ihr Lähmungserscheinungen, Rollstuhlaufenthalte und Dauerkopfschmerzen beschert. Die Kopf-Kollision mit der Kaffeemaschine brachte das Fass der Schmerzen zum Überlaufen: Privatklinik, Depressionen, Physio- und Psychotherapie.

„Ich musste um mein neues Leben kämpfen“, erläuterte sie damals – und das war eine Art Lebensmotto. Ganz am Anfang, mit fünf Jahren, kämpfte sie für etwas: Weil sie ihren Eltern permanent die Ohren voll quengelte, dass sie unbedingt mit den Geschwistern als Kelly Kids spielen wollte, meinte ihr genervter Papa: „Wenn du in zwei Wochen die Liedertexte und Gitarre spielen kannst, darfst du mit.“ Für Dan war es ein Ablenkungsmanöver, für Patricia todernst. Sie übte verbissen – und durfte drei Wochen später mit zu ihrem ersten Konzert.

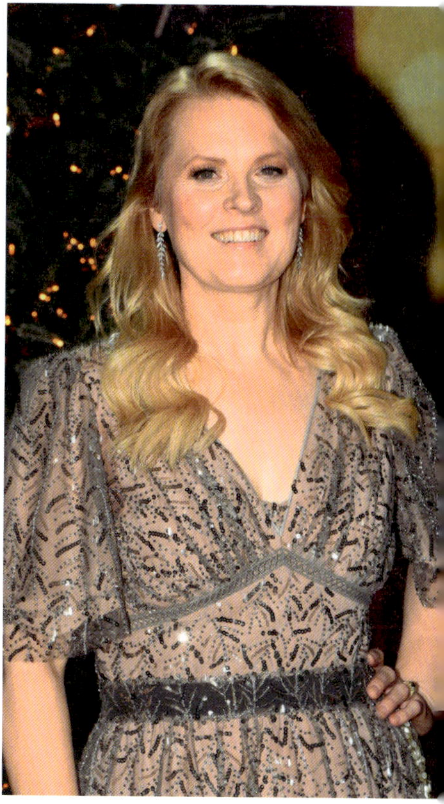

Später kämpfte sie gegen Unbill, denn gesundheitliche Nackenschläge blieben ihr Begleiter. In der Corona-Zeit 2020/21 überstand sie zwei Infektionen, Atemnot, Lungenentzündung inklusive „sehr viel Angst“. Noch schlimmer war für sie, als eine Vorsorgeuntersuchung 2009 ergab: „aggressive Brustkrebsvorstufe“. Eine Hiobsbotschaft, schließlich war ihre Mutter Barbara-Ann der Krankheit zum Opfer gefallen. Patricia wurde die rechte Brust entfernt, aber sie besiegte den Krebs.

Andere würden jammern. Patricia ist dankbar und sagte: „Wir hatten viel Glück und müssen davon etwas weitergeben.“ Deshalb unterstützt sie die Nordoff-Robin-Stiftung, den Verein Brustkrebs Deutschland und das päpstliche Missionswerk Missio. Denn neben ihrem Mann Denis (sie verliebten sich Silvester 1998 und heirateten 2001) und ihren beiden Söhnen ist der Glaube das Wichtigste in ihrem Leben. Als sie damals, nach der Geschichte mit der Kaffeemaschine, am Boden war, fand sie zu Gott.

Patricia startete spät ihre Solokarriere, erst 2010 kam ihr Erstling auf den Markt. Dabei hätte sie viel früher auf eigene Rechnung agieren können. Aber sie schlug die Angebote zweier Plattenfirmen aus. Die Unzerstörbare wollte das Familiengefüge nicht zerstören.

Jimmy – der treue Rebell

Dass die Welt der Kelly Family doch nicht (mehr) so heile war, merkte man als Erstes an Jimmy.

„Zwölf Kinder teilten sich einen Frisör“, witzelte Joey Kelly einst über das haarige Markenzeichen der Kelly Family – die lange, scheinbar nicht zu bändigende Lockenmähne. Da kam es einem Weltwunder gleich, als plötzlich einer ausscherte – und sich scheren ließ: Bei der Jose Carreras Gala im Dezember 1997 präsentierte sich Jimmy Kelly erstmals „oben ziemlich ohne“. Die Haare-ab-Aktion war aufsehenerregende Etappe einer Entwicklung. Jimmy sorgte 1997 und 1998 immer wieder für Aufregung, schwänzte Konzert-Zugaben oder setzte ganze Konzertserien aus. „Zerbricht die Kelly Family?“ fragte die Bild-Zeitung bang, Bravo wusste wie üblich mehr und schrieb „Die Wahrheit über Jimmy“, aber auch „Jimmy flippt aus“.

In Victor James Kelly floss schon immer rebellisches Blut. Das merkten die Schwestern, weil Jimmy seinen kleinen Bruder Joey immer zu Blödsinn anstiftete: „Die haben immer meine Puppen demoliert“, murrte Patricia. Und es spürte auch der strenge Papa. Mit 20 hatte Jimmy die Nase voll vom engen Familienkorsett und haute über Nacht nach Irland ab. Aber er stellte schnell fest: Irland war nicht Heimat und ohne Familie war alles nix. Zu stolz zum Hilferuf klampfte er auf den Straßen, bis er vier Wochen später das Geld für den Rückflug nach Köln zusammenhatte.

Aber die Zweifel, das Hinterfragen blieben. Jimmy (er schenkte den Fans den Hit „Nanana“ quasi im Alleingang, er schrieb und sang das Lied und führte beim Video Regie) kritisierte seinen Vater, weil er den Kindern eine „ordentliche Erziehung zugunsten einer ‚Huckleberry Finn‘-Kindheit“ vorenthalten habe. Er grübelte über das Musikbusiness („Bin ich Musiker oder eine Puppe?“), litt unter dem Erfolgswahnsinn und verzweifelte fast. Alkohol, Drogen, Depressionen, Selbstmordgedanken, Suizidversuch – in seiner fesselnden Autobiografie von 2017, „Streetkid: Fluch und Segen, ein Kelly zu sein“, packte Jimmy schonungslos ehrlich aus. Auch über die Not nach dem Kelly-Family-Aus, als er faktisch pleite war. Dass er als Straßenmusiker zurück zu den Wurzeln ging, war keine Nostalgie, es war überlebensnotwendig. Jimmy sagte: „Wir hatten ein Vermögen verdient, aber es blieb nichts.“ Doch Jimmy ist ein echter Kelly, denn er kämpfte sich zurück. Er fand sein Glück mit Meike Höchst, die er 2005 heiratete und die ihm drei Kinder schenkte, die beide so gut wie möglich aus der Öffentlichkeit heraushalten.

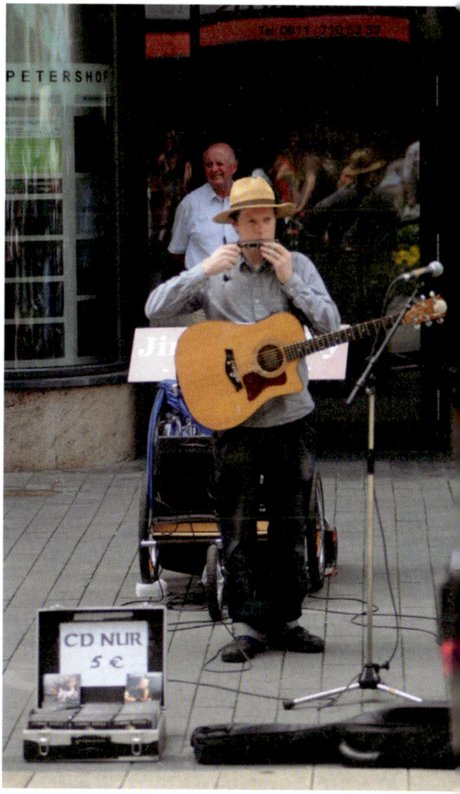

Die Kelly Family ließ er aber nie im Stich. Er war an allen Alben beteiligt, spielte im Phantasialand ebenso wie auf der „Europe-Tour 2005“, bei den drei Roncalli-Tourneen (2005/06) oder der „Good News-Akustik-Tour“ (2006/07). Erst 2007, da waren John und Barby lange abgetaucht, Paddy im Kloster und auch Angelo ausgestiegen, konzentrierte sich Jimmy auf sein Solo-Ding. Zwischen 2005 und 2015 veröffentlichte er sieben Soloalben, tourte beständig, auch im Comeback-Jahr 2022 war er mit Vorträgen erfolgreich unterwegs.

Aber als 2017 die erste Comeback-Idee konkrete Formen annahm, war er – natürlich – zur Stelle: Victor James Kelly, der treue Rebell.

Joey – Extremus maximus

Extremer als Joseph Maria Kelly? Das muss erst mal erfunden werden. Joey wähnte sich lange als „extrem unbeliebt“, allerdings völlig zu Unrecht.

Gewusst? Russell Crowe änderte den Namen des von ihm gespielten Helden in „Der Gladiator“ in „Maximus“, weil ihm „der Größte“ für die Rolle gerade recht erschien. Spielte Joey Kelly in einem Film, müsste er sich „Extremus maximus“ nennen – der „äußerst Größte“. Egal ob er sich im Wok den Eiskanal runterstürzte, beim Ultramarathon 217 Kilometer bei 50 Grad durchs Death Valley hechelte oder mit Markus Lanz 400 Kilometer bei minus 40 Grad zum Südpol wetzte – meistens wirkte Joey Kelly wie vom Ehrgeiz getrieben. Und auch dafür – wie für so vieles – ist wohl Papa Dan Kelly (mit)verantwortlich.

„Vater war wie ein Abteilungsleiter: wenig Wärme, viel Härte.“ Sagte Joey. Er wiederum war – so seine Geschwister – „ein rebellischer, mutiger Junge“. Die Folge, fast logisch: „Es gab viele Konflikte mit meinem Vater.“ Dan Kelly schätzte den freien Willen, allerdings vor allem seinen. Joey: „Ich sagte ihm mal ‚Du kannst doch nicht immer Recht haben‘, und er meinte: ‚Doch, ich habe zu 80 Prozent Recht, also so gut wie immer.‘“ Aber Joey sagte „nicht zu allem Ja und Amen“, deshalb gab es „dauernd Reibereien“, erzählte Joey. Konsequenz: „Vater hat mich viermal rausgeschmissen. Das erste Mal mit 17 und dann eigentlich jährlich einmal. Aber ich bin nie gegangen.“

Joey biss sich durch. „Dem zeig ich's“ war wohl auch ein Antrieb beim Kampf um Liebe und Anerkennung. Er mauserte sich zum Tüftler, reparierte die Busse, wurde Tourmanager und Fuhrparkleiter, später Kel-Life-Geschäftsführer. Er erarbeitete sich den Respekt seines Vaters, aber innig wurde es nie: „Mein Vater hat mich nie in den Arm genommen oder mal gesagt ‚Ich bin stolz auf dich.‘“

Um den väterlichen Zwängen und der Kellymania (Joey: „Das war ungesund, so was will ich nie mehr erleben.") zu entfliehen, wurde der Sport zum Ventil. Erst Kampfsport – sein Held war Bruce Lee – dann Extremsport. Weil er Patricia imponieren wollte, ließ er sich – untrainiert – auf „die Schnapsidee" Triathlon ein. „Ich bekam voll auf die Fresse, wurde Drittletzter." Der Extremsport aber wurde Sucht und Heilmittel zugleich: „Ohne meinen Sport hätte ich die Kelly Family nicht überlebt."

Joey ist ein extremer Charakter. Der Mann fürs Grobe, als Rockfan auf der Bühne (zum Beispiel mit seinem Hit „The Wolf") und auch verbal. Er beharkte sich mit „Fans", die seine Familie verfolgten und er wurde einmal von seinem Vater von einem Konzert ausgeschlossen, weil er Maite als „zu fett zum Tanzen" beleidigte.

Andererseits ist Joey auch extrem loyal und gutmütig, unterstützt etliche soziale Einrichtungen. Seiner Frau Tanja (seit 2004 verheiratet) und den vier Kindern ist er liebevoller Gatte und gütiger Vater („Die Strenge meines Vaters kenne ich nicht. Kinder müssen eine eigene Meinung haben").

Joey Kelly muss niemandem mehr etwas beweisen, hat vieles erreicht. Obwohl, einmal hat er sich auch verrannt. „Ich bin stolz, dass ich bei der Bravo-Wahl der unbeliebteste Kelly war", sagte er öfter in Interviews. Nun: Das stimmt nicht. Er wurde Siebter, Maite und Kathy landeten hinter ihm.

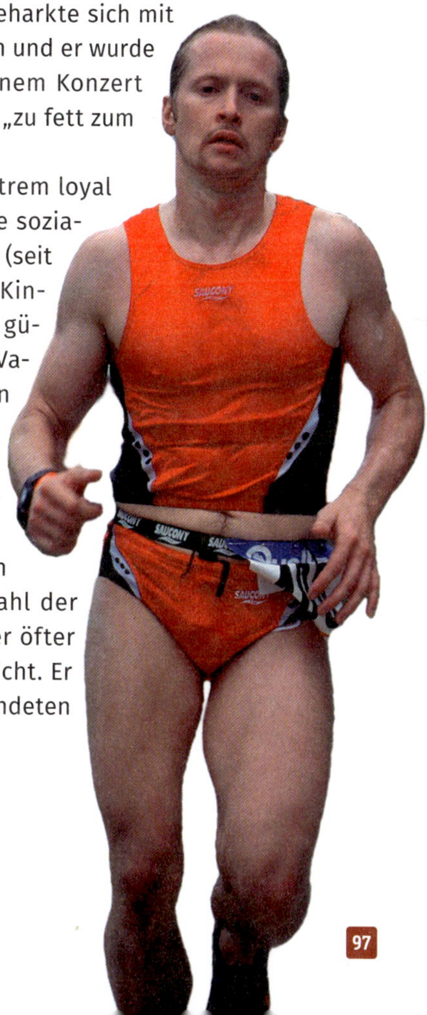

Paddy – Dramatiker mit Happy End

Selbst schuld. Hätte er nicht den kompositorischen Geistesblitz mit „An Angel“ gehabt, wäre sein Leben vielleicht viel weniger dramatisch verlaufen. Andererseits: Drama wurde Michael Patrick Kelly schon in die Wiege gelegt.

Am Tag vor Nikolaus gab es 1977 eine ziemliche Überraschung für Barbara-Ann Kelly. Der über dem Dublin-Vorort Shankill wütend tobende Sturm hielt Hebamme und Arzt fern. Da legte Dan Kelly selbst Hand an – und half seinem und Barbara-Anns vierten gemeinsamen Sohn auf die Welt. „Ich soll blau und lila gewesen sein“, schilderte Paddy, „aber es waren alle Finger dran und die Stimme war angeblich gewaltig.“

Seine Stimme blieb stark und sein Leben dramatisch. Mit zwei schon im Fernsehen, mit knapp fünf ohne Mutter, mit zehn schon vor Tausenden auf Live-Bühnen. Mit 15 schrieb er mit „An Angel“ einen echten Monster-Hit. Er war mitverantwortlich für hysterische Fans, allgegenwärtige Bodyguards und einen unglaublichen Erfolg, der schwindlig machte. Nobel-Hotels, Jets, am Ende ein eigenes Schloss. Mit 18 war Paddy Superstar einer millionenschweren Familie, mit 21 saß er in einer Schlosssuite voller Lieblings-Teddybären und mit Selbstmordgedanken. Paddy dämmerte: Ich muss da raus.

Der süße Mädchenschwarm suchte inneren Frieden und offenbarte Ecken und Kanten. Am Tag der Veröffentlichung seines Solodebüts „In Exile“ (17. März 2003) wurde er in New York eingeknastet, weil er an einer Friedensdemo gegen den dritten Irak-Krieg teilgenommen hatte. Als der Krieg dann tatsächlich drei Tage später ausbrach, war Paddy wieder frei und daheim in Köln.

Aber nicht lange. Was sich innerlich in spirituellen Erkenntnissen („Ein Leben ohne Gott ist wie eine Gitarre ohne Koffer – schutzlos.“) und äußerlich in mehreren Pilgerfahrten nach

Lourdes, Rom und Medjugorje äußerte, kulminierte 2004 in der Meldung „Paddy geht ins Kloster“. Dann ließ er Jimmy in der gemeinsamen WG zurück und lebte sechs Jahre lang als Bruder John Paul Mary im katholischen Kloster des Ordens der Gemeinschaft vom heiligen Johannes im französischen Burgund.

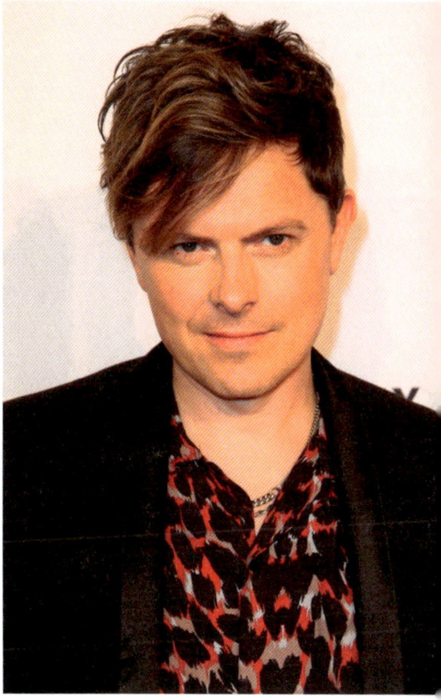

2011 rieten ihm seine Klosterbrüder zu gehen, weil er die Musik brauche und nicht das Zölibat. Paddy enttäuschte sie nicht, initiierte die „Stille Nacht“-Tour mit Joey, Patricia, Paul und Kathy, trat später mit dem Soloprogramm „Agape“ (göttliche Liebe) in deutschen Kirchen auf. Erst danach, 2015, startete er seine kommerzielle Solokarriere, jetzt als Michael Patrick, neu. Das nahm derart Fahrt auf, dass er sich beim Kelly-Comeback 2017 ausklinkte. Auch 2022 wollte er sich nicht der alten Gruppendynamik beugen.

Zum Abschied hatten ihm die Klosterbrüder mit auf den Weg gegeben: „Mach Musik, such dir eine Frau und geh mit Gott.“ Punkt eins und drei waren abgehakt, fehlte noch die Frau fürs Leben. Er fand sie mit Gottes Hilfe: Er betete eine Novene, eine Gebetsfolge über neun Tage. In diesem täglichen Gebet bat er um die große Liebe. „Es ist kein Hokuspokus: Innerhalb dieser Novene traf ich sie.“ Und zwar in Gestalt seiner Jugendliebe, der belgischen Journalistin Joelle Verreet. Am 13. April 2013 heirateten sie in der Ballintubber Abbey in Irland.

Genug der Dramen, Zeit für Happy Ends!

Maite – die Schwanenkönigin

Maite, das zweitjüngste Küken, flatterte lange unter dem Radar. Bei Fans und Geschwistern. Das ist vorbei. Sie ist der neue Kelly-Superstar. Sie hat es schriftlich.

„Die schwergewichtige Matje tanzt fröhlich über die Bühne." So (schön falsch, was den Namen angeht) stand's im ersten Bravo-Artikel 1993. Später wurde „das mollige Powergirl" (1999) daraus, aber immer spielte Maites Figur eine Rolle. Maite sagte in Interviews, dass sie mit ihrem Übergewicht keine Probleme hatte, aber auch, dass sie unter einer Essstörung litt: „Ich habe entweder nichts oder zu viel gegessen." Ja, sie wurde gehänselt – auch von den Brüdern – und ja, das machte es nicht besser. Dass Papa Dan zu ihr hielt, schon. „Mapa", wie sie ihn liebevoll nannte, „Mischung aus Mama und Papa", machte ihr Mut, indem er sagte: „In anderen Kulturen würdest du als Göttin verehrt."

Am Anfang wurde das einzige in Deutschland geborene Kelly-Kind von vielen belächelt. Sie war, um ein märchenhaftes Bild zu nutzen, kein hässliches, aber ein unterschätztes Entlein. Sie mauserte sich zwar zur Songwriterin (z. B. „Every Baby") und war für die Designs der Outfits zuständig, aber vor lauter Angelo- und Paddy-Hysterie hier und Kathy- und Patricia-Dominanz dort wuchs sie im Verborgenen. Die Vorletzte der Bravo-Wahl „Wer ist euer Lieblings-Kelly?" (1997) blühte erst auf, als der Vater starb und der Familienverbund zerbröselte.

Sie machte sich und ihren Kopf frei und – als einziges Kelly-Kind – in Amerika einen ordentlichen Schulabschluss. Sie engagierte sich als Freiwillige bei einem kirchlichen Hilfsprojekt in Togo. Sie verliebte sich in den modelnden Unternehmer Florent, den sie am 27. August 2005 heiratete. Mit ihm bekam sie (bis 2014) drei Töchter und gründete eine Naturkosmetiklinie.

Am 30. August 2008 war sie beim (vorerst) letzten Kelly-Family-Konzert im Rahmen der „More Good News"-Kirchentour in

Maastricht dabei – dann war Schicht im Schacht bei den Kellys. Und das Wunder vom Soloaufstieg von Maite, die den Ruhm als Zweitnamen („Star") trägt, begann. Langsam, aber unaufhaltsam.

Sie nahm 2007 ein Soloalbum auf, eigentlich nur für Freunde. Dann sang sie für den Disney-Film „Tinkerbell". 2009 debütierte sie im Musical „Haispray" (mit Uwe Ochsenknecht), 2011 gewann sie erst bei „Let's Dance" und wurde dann (2012) Jurorin. Sie übernahm einen Moderatoren-Job und wurde prompt dafür ausgezeichnet, 2014 feierte sie Schauspielpremiere in einer Folge von „In aller Freundschaft", 2015 veröffentlichte sie ihr erstes Kinderbuch. Zwischendrin kamen Soloalbum zwei und drei – und 2016 der große Solo-Durchbruch.

2014 hatte Maite für Roland Kaiser das Duett „Warum hast du nicht nein gesagt" getextet. Die Single wurde zu einer der erfolgreichsten Schlager-Singles aller Zeiten (Nr. 81 laut Wikipedia) und Maite zum Schlager-Shooting-Star. Mit ihrem Alben kletterte sie immer weiter nach oben, bis „Hello!" 2021 Nummer eins in Deutschland und Österreich wurde. Sie ist das einzige Kelly-Mitglied, dem das Solo gelang! 2021 folgte der Ritterschlag als Super-Promi: Jurymitglied bei DSDS.

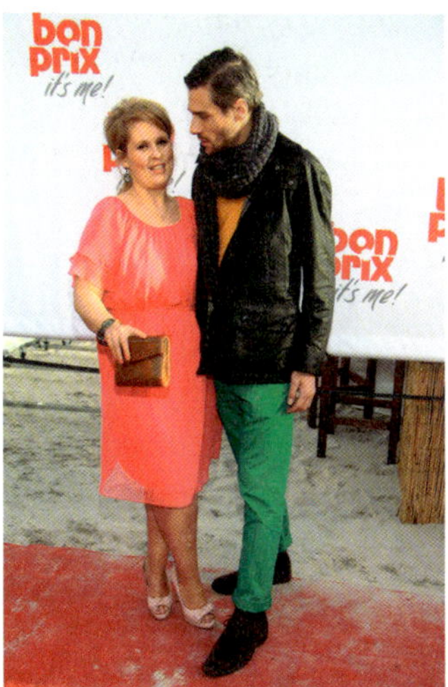

Aber auch Schwäne weinen: 2017 scheiterte Maites Ehe und wurde 2018 annulliert. Maite hatte mit Depressionen und Angstattacken zu kämpfen. Und gewann. Mal wieder.

Mit Florent Raimond war Maite zwölf Jahre verheiratet.

Angelo – der Achterbahn-Engel

Wenn jemand als Angelo Gabriele, also quasi als „Engel Gabriel“ auf die Welt kommt, kann das auch Bürde sein. Schwerelos engelsgleich schwebte der jüngste Kelly jedenfalls nie durchs Leben.

Er erfuhr es ja erst später, aber wenn dir von allen Seiten verkündet wird, dass sich deine Mutter für dich opferte, dass sie starb, damit zu leben kannst, dann kann das für ein Kind, einen Teenie, einen Mann, hart sein. Ebenso, wenn dich kreischende Mädchen auf Schritt und Tritt verfolgen oder dich wildfremde Leute beleidigen, weil du Haare bis zum Hintern hast oder nicht zur Schule gehen musst.

Es hätte nicht verwundert, wenn Engel Gabriel auf seinem Flug durchs Leben früh abgestürzt wäre. Aber: Auch wenn seine Flugkurve viel von einer Achterbahn hat, Angelo hat sein Leben gemeistert, lebt glücklich mit Frau und fünf Kindern in Irland und macht das, was er am liebsten tut – Musik. Dabei ist er mit seiner eigenen Kelly Family unterwegs, aus der Band seiner Geschwister hat er sich 2020 vorläufig endgültig ausgeklinkt.

Die Hysterie um ihn als Teenieidol hielt er für „ungesund“, Schloss Gymnich für „einen Irrtum“. Deshalb zog er

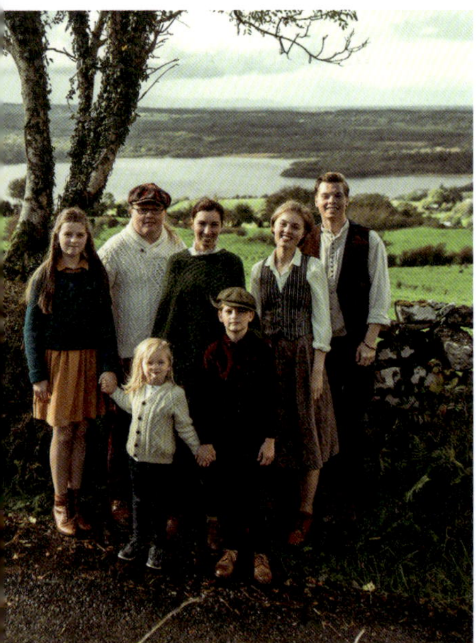

Der engelsgleiche Teenieschwarm von 1995 wurde zum Oberhaupt seiner eigenen Kelly Family .

da auch schnell wieder aus und bezog noch 1998 eine kleine Wohnung in der Kölner Altstadt. Da war er aber auch nicht wirklich frei. „Unten tobte der Karneval, oben saßen wir und konnten nicht raus." Wir, das war seine Freundin Kira Harms, die er schon als Neunjähriger in Rostock kennenlernte. Und sie konnten nicht raus, weil es gefährlich gewesen wäre, wenn Angelo-Fans ihren Angehimmelten mit einem Mädchen – Konkurrenz! – erwischt hätten. „Da habe ich ihr eher aus Langeweile einen Antrag gemacht", erzählte Angelo. Mit 17. 2001, mit 19, wurde er erstmals Vater. Geheiratet wurde 2005.

Kira ist seine Mitte. Sie ist „schuld", dass Angelos Emanzipation von seiner Familie gelang. Als sie krank wurde, schnappte er sie und die Kids und ging für drei Jahre auf das Wohnmobil- und Straßenmusiker-Nomadenleben, das ihm in die Wiege gelegt worden war. Dabei war vieles wie früher: Die Kinder wurden daheim unterrichtet und die Familie ging fast pleite.

Aber Engel können kämpfen. Wie Angelo 2008 bewies, als er sich wegen einer Wette mit Stern TV 1400 Kilometer von Köln bis zu seinem Geburtstort Pamplona als wandernder Straßenmusiker durchschlug – in nur fünf Tagen. Sein Durchbruch als Solokünstler „Angelo Kelly & Family" kam 2015. Die letzten Alben, „Irish Heart" (2018) und „Coming Home" (2020) landeten jeweils auf Rang zwei und wurden vergoldet. Seither läuft es: Stadionkonzerte, Hallentourneen. Und, Ironie pur, Bußgeldverfahren wegen unerlaubter Kinderarbeit, weil seine minderjährigen Kinder live mitmusizierten.

Angelo, der mit 13 „I Can't Help Myself", den erfolgreichsten Hit der Kelly Family komponierte, war maßgeblich am Comeback der Ur-Kelly Family 2017 beteiligt, er produzierte das Nummer-eins-Album „We Got Love" mit Kathy, er steckte viel Kraft in die Comeback-Tour 2018 und die „25 Years Over The Hump"-Tour 2019/20. Zu viel. Nach Tourende verkündete Angelo, dass er, Burnout-bedingt, die Gruppe schweren Herzens verlassen werde: „Es gab die Kelly Family vor mir und es wird sie auch nach mir geben."

Paul – der Frühaussteiger

Paul, seines Vaters zweitältester Sohn, nabelte sich früh von der Sippe ab und kochte – im wahrsten Sinne des Wortes – sein eigenes Süppchen.

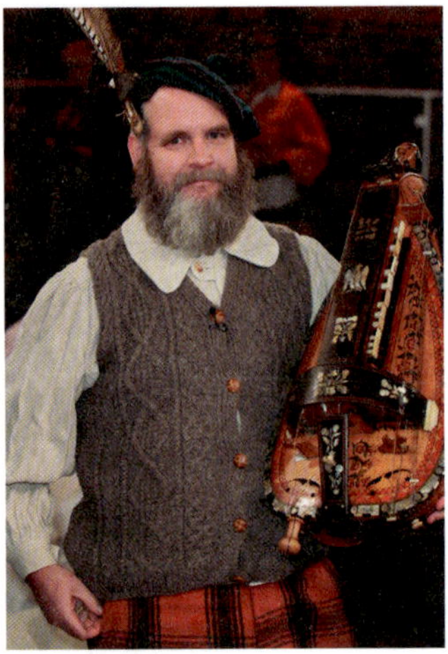

Paul im Jahr 2011

Jahrelang, so heißt es, reagierte Dan Kelly unwirsch, wenn die Sprache auf Paul kam. Der Kelly-König nahm es krumm, dass Paul die Pariser Zeit nutzte, sich anderweitig zu orientieren. Erstens nahm er eine Lehrstelle als Koch an und zweitens verliebte er sich. Dan musste, nachdem Caroline nach Amerika entschwunden war, eine weitere Stütze der „Kelly Kids“ abschreiben.

Paul wurde glücklich als Koch und vor allem mit seiner Muriel, aber er spielte all die Jahre Straßenmusik, tingelte mit seiner Drehleier, teilweise unter dem Künstlernamen „Pól Ó Ceallaigh“ (Paul Kelly auf Gälisch), und veröffentlichte vier Soloalben.

Letztlich klopfte der Eigenbrötler erst wieder an die Tür der Gemeinschaftsküche, als Mâitre Dan im Sterben lag. Erst zur Produktion des Albums „Homerun“ kehrte der leidenschaftliche Hobby-Imker Paul 2004 als Gastmusiker zurück.

Dass Dan Kelly ausgerechnet mit Paul so lange überkreuz lag, ist ironisch, denn Paul ist ihm von allen am ähnlichsten. In Sachen Familienplanung (er kommt mit sieben Kindern seinem produktiven Vater am nächsten) und auch optisch. Als Kathy Kelly für das Video zu ihrem Song „Wer lacht, überlebt“ einen Darsteller für ihren Vater brauchte, musste sie nicht lange suchen …

Next Generation

Zu neunt wurden die Kellys von Straßenkindern zu Massenmagneten. Wenn ihre Erben wollten, könnten sie die Musikszene mit fast drei neuen Kelly Familys überfluten!

Die 25 Kids der einstigen Kelly Kids.
Caroline ist mit Julian verheiratet, blieb aber kinderlos
Kathy heiratete 1990 Vincent van Hille (Scheidung war 2001) und brachte 1992 beider Sohn Sean zur Welt.
Paul nahm 1991 die Französin Muriel zur Frau. Sie schenkte ihm zwischen 1991 und 2006 sieben Kinder: Clément, Sean, Patrick, Brenda, Yannick, Daniel und Paul.
John heiratete 2001 seine Sandkastenliebe Maite Itoiz. Die Ehe blieb kinderlos.
Patricia gab 20. Januar 2001 Denis Sawinkin das Jawort. Sie bekam zwei Söhne, Alexander Joseph (2001) und Ignatius „Iggi" Aaron Maria (2003).
Jimmy heiratete 2005 Meike Höchst. Sie haben drei Kinder: Aimee Benedikte (2006), Marie Therese (2008) und Yeshua Fulton James (2015).
Joey und Tanja Niethen heirateten 2005. Sie haben vier Kinder: Luke Christopher (2002), Leon David (2004), Lilian Ann (2006) und Lisanne (2015).
Barby war nicht verheiratet und bekam keine Kinder.
Paddy heiratete 2013 seine Jugendliebe, die Belgierin Joelle Verreet in Irland. Die Ehe ist kinderlos.
Maite heiratete 2005 den Franzosen Florent Raimond. Maite brachte drei Töchter zur Welt (Agnes Theresa, 2006, Josefine Katherine, 2008 und Solenne, 2014), bevor die Ehe 2017 scheiterte.
Angelo heiratete seine Kira am 1. Mai 2005. Sie haben fünf Kinder: Gabriel Jerome (2001), Helen Josephine (2002), Emma Maria (2006), Jospeh Ewa Gregory Walter (2010) und William Emanuel Kelly (2015).

Die Zombie-Band

Jahrelang war es nur bergauf gegangen. Die Pleite bei der ESC-Vorentscheidung 2002 und der Tod von Dan Kelly waren aber wie Warnschilder am Straßenrand: Vorsicht, Abgrund.

Der letzte Charts-Hit, „The Children Of Kosovo", der im Sommer 1999 die deutschen Top Ten erreichte, war noch gar nicht lange her, aber Anfang der 2000er-Jahre waren die Auflösungserscheinungen überdeutlich. Ausgerechnet der neue Familienvorstand Kathy hatte mit den ersten Soloalben eines Kelly-Mitglieds 1999 und 2001 Steine der Zersetzung ins Rollen gebracht, die nun geröllawinengleich über die Sippe rumpelte. Aber die Kellys wehrten sich, diverser Solo-Aktivitäten und einem rapide schwindenden Fan-Interesse zum Trotz, gegen die Kelly-Rente. Dafür, dass alle (Mainstream-)Welt die Kellys für „tot" hielt, waren sie, wenngleich nur noch in reduzierter Mannschaftsstärke, außerordentlich und auf außergewöhnliche Art aktiv.

➡ Im Januar 2004 kam die Single „Flip A Coin" heraus als Vorbote des Doppel-Albums „Homerun", das im Juni folgte. Da war das Comeback mit und bei dem Roncalli-Zirkus schon Geschichte und die Kellys – Maite, Patricia, Angelo, Jimmy, Joey und Paddy – traten im Freizeitpark Phantasialand in Brühl auf.

➡ Als Paddy 2005 im Kloster eincheckte, schien die Kelly Family endgültig Geschichte, Maite volontierte in Togo, Angelo ging ins Tonstudio, um Solosongs zu erarbeiten. Aber ab Oktober waren Maite, Patricia, Angelo, Jimmy, Joey und erstmals der Heimkehrer Paul mit dem Programm „Who'll Come With Me" Teil der Roncalli-Tour.

➡ 2006 brachte die dritte Roncalli-Tour „Music Meets Circus", die alleinige Einsetzung von Joey als Liquidator der Kel-Life GmbH und ab Oktober die musikalisch klerikal orientierte „Good News"-Tour, die die Kellys durch rund 100 deutsche Kirchen führte. 2007 nahm sich Patricia eine Auszeit, dafür stieg Kathy wieder ein. Als im Dezember die vierte Roncalli-Tour („Circus Meets Music") startete, war Angelo nicht mehr dabei und bei der „More Good News"-Tour fehlte dann auch Jimmy. In der Formation Kathy, Maite, Patricia, Joey, Paul gab die Kelly Family am 30. Mai 2008 in Maastricht ihr vorerst letztes Konzert.

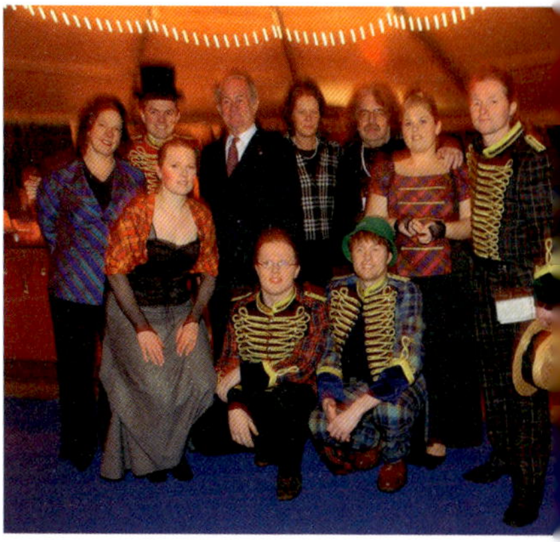

Auch Bundespräsident Johannes Rau besuchte die Roncalli-Tour mit der Kelly Family im Januar 2004 in Berlin.

➡ Die (im Vergleich zu anderen Bands kurze) Agonie endete am 30. November 2011, als die vom aus dem Kloster zurückgekehrten Paddy initiierte „Stille Nacht"-Tour in Hamburg begann. Kathy, Paddy, Patricia, Paul und ab und zu Joey spielten 20 Konzerte. Wegen des großen Erfolgs wurde die Weihnachtskonzerte-Aktion 2012 in zwar weniger Städten (13), aber größeren Hallen wiederholt. Bei den beiden letzten Shows tauchte Barby als Überraschungsgast auf. Zum ersten Mal seit zehn Jahren und zum allerletzten Mal ...

➡ Das letzte „Stille Nacht"-Konzert fand am 30. Dezember 2012 statt. Jahrelang traten danach nie mehr als drei Kellys gemeinsam auf einer Bühne in Erscheinung. Im Winter 2014 spielten Kathy und Patricia verstärkt durch Paul 14 Kirchen-Konzerte ihrer „Folge dem Stern"-Tour, ansonsten dominierten Solotourneen von Solo-Kellys.

Der große Drache, die Kelly Family, schien endlich tot. Aber er schlummerte nur ...

Es lebe die Reality

1999 begann mit „Big Brother" das Reality-TV zu boomen. In der Folge gab es jede Menge Mattscheiben-Blödsinn. Und die Kellys waren mittendrin statt nur dabei.

„Mir gefällt die Herausforderung, Sachen auszuprobieren und den Horizont zu erweitern." Damit meinte Joey nicht nur alle möglichen Extremsport-Wettbewerbe, sondern auch Fun-TV-Events. Er verbeulte beim RTL-Promiboxen Ralf Richter die Nase, nahm an allen Wok-WMs teil, gewann mehrfach Team- und Einzeltitel. Dabei schlug er zweimal sogar Rodel-Idol Hackl Schorsch, wobei er beim 2014er Event mit einem „James-Bond-mäßig" gepimpten Wok unterwegs war: „Ich hab da mit nem Magneten gearbeitet, das weiß der Schorsch bis heute nicht." Aber Joey siegte auch beim Turmspringen oder in der Poker-Nacht. In „Schlag den Star" gelang ein Hattrick (gegen Publikumskandidat Michael Kaus sowie die Promis Steffen Henssler und Alexander Klaws) und auch bei der Stock Car Crash Challenge siegte er bei jeder seiner sieben Teilnahmen in irgendeinem Karren-Gebolze. Und: Joey Kelly schaffte es viermal ins Guinness-Buch der Rekorde. Freiluftbalancieren (2010), Unter-Wasser-Walken (2011) und Rolltreppenlaufen (2012) waren Solo-Leistungen. 2022 aber hatte er Unterstützung von 49 Freunden und Kelly-Fans, die alle gemeinsam auf Bobby Cars sitzend den alten Kelly-Family-Doppeldecker 50 Meter weit zogen – Weltrekord.

Auch seine Geschwister waren reality-mäßig aktiv. Eine Auswahl:

Kathy sorgte für Irritation bei den Fans, als sie 2010 beim Casting für „Das Supertalent" teilnahm. Allerdings war das keine Bewerbung, sondern eine Einladung von RTL gewesen. 2011 lotete sie bei „Die Alm" die Niveau-Niederungen des Trash-TVs aus und wurde vierte. 2020 schaffte sie es bei „Promi Big Brother" auf Rang drei.

Maite wurde erst „Let's Dance"-Siegerin (2011) und dann (2012) -Jurorin. Dieses Amt übernahm sie auch in der 18. Staffel von DSDS (2012), die in die Geschichte einging. Allerdings eher, weil Michael Wendler ausgeschlossen und Dieter Bohlen von RTL abgeschossen wurde und schmollend ausschied. Thomas Gottschalk ersetzte ihn.

Paddy konzentrierte sich auf musikalische Formate. Er war Pate bei „Dein Song" (KiKA) und wurde erst Gast (2016) und dann Gastgeber (2017) bei „Sing meinen Song", wobei die von ihm moderierte Staffel die höchsten Einschaltquoten erreichte. Als er 2018 bei „The Voice Of Germany" einstieg, wurde er prompt „Winning Coach".

Angelo war auch Pate bei „Dein Song" (2019), sorgte vorher (2018) für Rekordquoten von „Goodbye Deutschland", wofür er beim Auswandern nach Irland televisionär begleitet wurde, und für Überraschung, als er in „Promi Undercover Boss" in Verkleidung seine Mitarbeiter verhohnepiepelte. 2020 begeisterte Angelo als Kakerlake bei „The Masked Singer", schied aber wegen der Corona-Pandemie freiwillig frühzeitig aus.

Patricia fieberte beim Auftritt ihres Sohnes Iggi bei „The Voice Kids" (2017) mit und kam auf den Geschmack: 2020 siegte sie bei „Big Performance – Wer ist der Star im Star" als Adele verkleidet.

John wurde 2019 Zweiter bei „Dancing On Ice" und lag 2020 bei „Let's Dance" aussichtsreich im Rennen, bevor er wegen eines Trauerfalls (sein Schwiegervater starb) freiwillig ausschied.

Nur Jimmy blieb „sauber": Seine Realität funktionierte gänzlich ohne Reality ...

Das Kaugummi-Comeback

Das Comeback 2017 war eine Sensation. Die Fans hatten die Rückkehr der Familie herbeigesehnt. In der Familie waren nicht alle so euphorisch ...

Highspeed hier, Schneckentempo dort. Nachdem Angelo in der „NDR Talk Show" das Comeback im November 2016 ankündigte, waren die Fans heiß wie Frittenfett. Sie brauchten nur acht Minuten, um die 15.000 Tickets für die Westfalenhalle wegzukaufen. Dem Minuten-Kaufrausch war in Wahrheit ein monatelanges Tauziehen zwischen den Familienmitgliedern vorausgegangen.

Der Mann, der das Comeback Wirklichkeit werden ließ, heißt Peer Boris Schade und ist Anwalt aus Hamburg. Der kennt sich in der Branche aus und er kennt alle Kellys. Als ihn 2015 Michael Patrick bei der Echo-Verleihung ansprach, war das trotzdem eine Überraschung: „Boris, wir reden wieder. Wie wäre es, wenn du einen Plan schmiedest?", soll „Paddy" gesagt haben, so erzählte es Jimmy.

Die Sensation hinter der Sensation: Offenbar hatten die Kellys jahrelang kaum oder gar keinen Kontakt miteinander. Als Hauptgrund für das Comeback nannte Jimmy deshalb wohl auch nicht ganz scherzhaft: „Ich wollte meine Geschwister einfach mal wiedersehen." Anwalt Schade führte ein Jahr lang Einzelgespräche, um die Befindlichkeiten der Kellys auszuloten und auf einen gemeinsamen Nenner zu bringen. Jimmy wusste die Engelsgeduld des Anwalts zu schätzen: „Wir hätten es ohne ihn nicht geschafft." Jimmy selbst hatte geunkt: „Wir sind nun mal Chaoten, das klappt nie."

Klappte doch. Aber nur für sechs von neun. Ausgerechnet Michael Patrick, der die Initialzündung gegeben hatte, und Maite waren nicht dabei. Und auch wenn Angelo betonte „Die Tür steht immer für sie offen", war die Familienharmonie nicht allumfassend. Für die im November 2017 ausgestrahlte vierstündige

VOX-Dokumentation „Kelly Family – Die Geschichte einer außergewöhnlichen Familie“ standen Maite und „MPK“ nicht zur Verfügung. Sie wollten ihre Solokarriere nicht dem Family-Revival unterordnen.

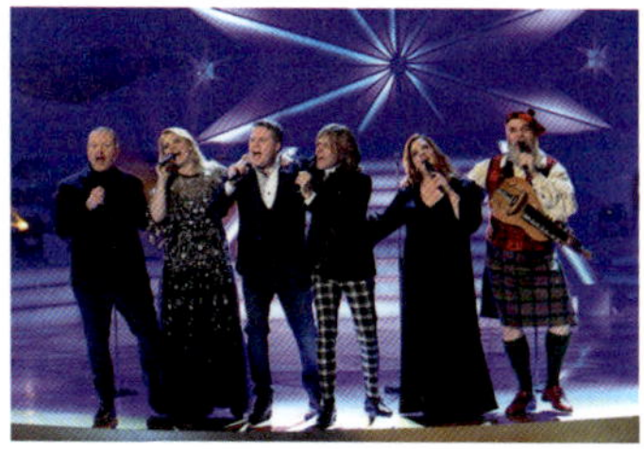

Die Super-Sechs: Joey, Patricia, Jimmy, John, Kathy und Paul, hier beim „Adventsfest der 100.000 Lichter“ im Dezember 2018 in Suhl, erleben die Fans auch bei der „Kelly Family – Mega Christmas-Show“ Ende 2022.

Das Comeback der „glorreichen Sieben“ (Kathy, Patricia, Angelo, Jimmy, Joey, John, Paul) wurde zum dreijährigen Triumphzug, der bis zum letzten Konzert der „25 Years – Over The Hump“-Tour am 23. Februar 2020 in München dauerte. Die während der Comeback-Phase veröffentlichten Alben „We Got Love“ und „25 Years Later“ eroberten beide den deutschen Chartsthron.

Für das zweite Comeback, im Herbst 2021, war weniger Überzeugungsarbeit nötig. Maite und Michael Patrick blieben allerdings draußen beziehungsweise wollten nicht mehr rein, Angelo hatte 2020 entkräftet seinen Ausstieg vollzogen, um dann im Sommer 2022, wieder putzmunter, mit der eigenen Familie auf Tour zu gehen.

Zum Comeback 2.0 im Jahre 2022 gab es eine gute und eine schlechte Nachricht. Die gute: Kathy, Patricia, Jimmy, Joey, John und Paul wirken wieder wie eine familiäre Einheit, eine gesunde und herzliche zudem. Die Tränen, die beinahe alle Geschwister in der sehr authentischen TV-Doku „Die Reise geht weiter“ (September 2022) vergossen, waren kein Fake.

Aber und das ist die schlechte: Die Ur-Besetzung wird es nicht mehr geben, nicht nur, weil Barby verstarb. Angelo mag noch wanken, aber Maite und Michael Patrick weinen, um im Bild zu bleiben, der reanimierten Vergangenheit keine Träne nach. Die Fans machten die 27 Konzerte der „Mega Christmas-Show 2022“ trotzdem zum Erfolg.

Von Feinden ...

Die Kelly Family ist wahrscheinlich die in Deutschland erfolgreichste Musikfamilie. Die womöglich am innigsten verehrte – ganz sicher aber die am heftigsten verhöhnte und angefeindete.

Willi Winkler trieb es auf die Spitze. Sein Artikel „Nichts als Ärger für die Kelly-Sekte", in „Die Zeit" vom 3. Mai 1996 troff vor Häme, Unverständnis und Missgunst. Der Text des spitzfedrigen und mehrfach ausgezeichneten Journalisten war ironisch bis zynisch. Der Gipfel: Winkler verglich die Kellys mit der mörderischen Manson Family und Dan Kelly mit deren Oberhaupt Charles, der für diverse Morde verantwortlich war. Da war dann Schluss mit lustig.

Die Kellys ins Lächerliche ziehen, die Kellys nicht verstehen können und wollen – damit war Willi Winkler beileibe nicht alleine. Je mehr die Fans ihre Idole anhimmelten, die so frei lebten wie ihre Locken fielen, desto zahlreicher – und fieser – wurde die „Gegenbewegung". Es gab Anti-Kelly-Witze en masse und hämisch-negative Artikel auch in renommierten Medien wie der TAZ („Singende Altkleidersammlung") oder dem Stern („Die Kids führen ein verdammtes Hundeleben"). Das Internet steckte noch in den Kinderschuhen, aber für Kelly-Hass-Seiten reichte es schnell („Kelly-Würgorium"), die teilweise komplett gefälschte Interviews online stellten. Da bekam sogar die Bravo, die das idyllische Lagerfeuer der Kelly-Begeisterung zum verheerenden Waldbrand hochgehypt hatte, ein schlechtes Gewissen und setzte der „Hetzjagd auf die Kellys" die „I love the Kelly Family"-Leserbriefaktion entgegen (natürlich auch im Interesse der steigenden Auflage).

Die Gerüchte, Skandalmeldungen und Internetattacken begleiteten die Kellys so treu wie die Fans, bis in jüngste Zeit. 2018 kämpfte Maite lange gegen eine gefälschte Werbung für Schlankheitspillen, und natürlich war sie immer wieder Zielscheibe für Hohn und Spott wegen ihrer mal zu vielen oder mal weniger Pfunde. Noch schlimmer ging es Patricia: Die wurde 2020 in einem Youtube-Clip für tot erklärt.

Was steckt hinter all der Missgunst? Was treibt einen intelligenten Menschen wie Willi Winkler zu diesem journalistischen Desaster? Vielleicht ist's ja der Neid. Winkler stammt – wie die Kelly-Kids – aus ärmsten Verhältnissen, wie er selbst im Interview schilderte. Hat er es nicht verknusen können, dass die armen Kellys Millionäre wurden? Hatte der Philosoph und Hochschullehrer Arthur Schopenhauer Recht, als er sagte „In Deutschland ist die höchste Form der Anerkennung der Neid"? TV-Moderator Robert Lemke wird der Spruch „Mitleid bekommt man geschenkt, Neid muss man sich verdienen" zugeschrieben. Wenn's danach geht, haben die Kellys ordentlich und sehr erfolgreich gerackert ...

Die Kelly Family war vielen einfach suspekt. Frei umherziehen wie die Vögel im Wind? Keine Schule, kaum Steuern, keine richtige Aufenthaltserlaubnis? Das war Spießern unbegreiflich. Und dann diese abenteuerlichen Busse, Boote. Das hätten viele gern gemacht – aber wer hatte schon den Mut dazu?

Misstrauisch waren viele auch dem Modell „Heile Großfamilie" gegenüber und fielen entsprechend über die Kellys her, als es Krisen und Gerüchte über Streit gab. „In der Kelly Family herrscht Krieg", „Zerfällt der Clan?", „Sie reden nicht miteinander" (was Joey und Jimmy tatsächlich angeblich über Jahre nicht taten).

Die Wahrheit kennen nur die Kellys, aber: Die Familie in sich war wohl weniger heil, als von den Fans erträumt und weniger kaputt, als von den Hatern unterstellt. Letztlich sind die Kellys eben auch nur eine Familie. Und in Familien gibt es Streit, Zerwürfnisse, mitunter auch Hass und jahrelanges Schweigen ebenso wie ewige Liebe.

Vielleicht war und ist die Kelly Familie trotz all ihres Erfolgs, all der Extreme an beiden Enden der Lebensskala einfach nur: normal?

... und Freunden

Jeder Künstler lebt von seinen Fans. Aber Fan ist nicht gleich Fan.

Wer sich 1980, sagen wir mit 15 Jahren, wegen „David's Song" in die Kellys im grünen Kilt-Gewand verliebte, ist jetzt im großelternfähigen Alter. Bei der Christmas-Show-Tour 2022 können durchaus Oma, Mutter und Tochter zum neuen Hit „Peace On Earth" die Handylampe schwenken.

So eine einträchtige Stimmung zwischen Kelly-Fans herrschte nicht immer. Die „frühen" Anhänger, die die Kellys auf den Straßenkonzerten entdeckten, waren durch die Kellymania Mitte der 90er-Jahre eher gestört und rümpften über die hysterischen Girls die Nasen, die am Hausboot oder später am Schloss „rumkreischen und tun, als ob die Kellys eine Boygroup wären".

Diese kurzfristigen Claqueure, die flüchtigen Affären, zogen spätestens Anfang der 2000er-Jahre weiter, es blieben die innigen Beziehungen. Andere tiefe Lieben entwickelten sich neu. Daniel Krienen startete sein Projekt Fansite 2004. Seit 2008 firmiert es als „KellyFamilySite.de". Die KFS, seit 2008 verstärkt durch Andrea „Andri" Becker (beide Jahrgang 1989) und auch als Podcast hörenswert (Keep On Singing), ist ein Mekka für Kelly-Fans. Ebenfalls erst 2007, also nach dem großen Hype, starteten die Macher von „kelly-family.pl" von Polen aus ihre umfassende und immer noch aktuelle Fansite. Katharina Bautz wiederum ist schon seit Kindertagen Fan, übernahm aber erst 2013 den Blog „Kelly Family News" (KFN), bei Fans für seine Aktualität gerühmt.

Die Kellys wissen, dass sie stolz auf ihre Fans sein können und um deren Treue. Und umgekehrt fühlen die Fans die ungebrochene Superkraft, die ihre Kellys haben: Ob sie zu Hunderten zu Jimmys oder Joeys Vorträgen eilen oder zu Tausenden zu den Gigs von Angelo, MPK, Maite beziehungsweise den verbliebenen „Supersechs" – die Kellys machen Menschen glücklich.

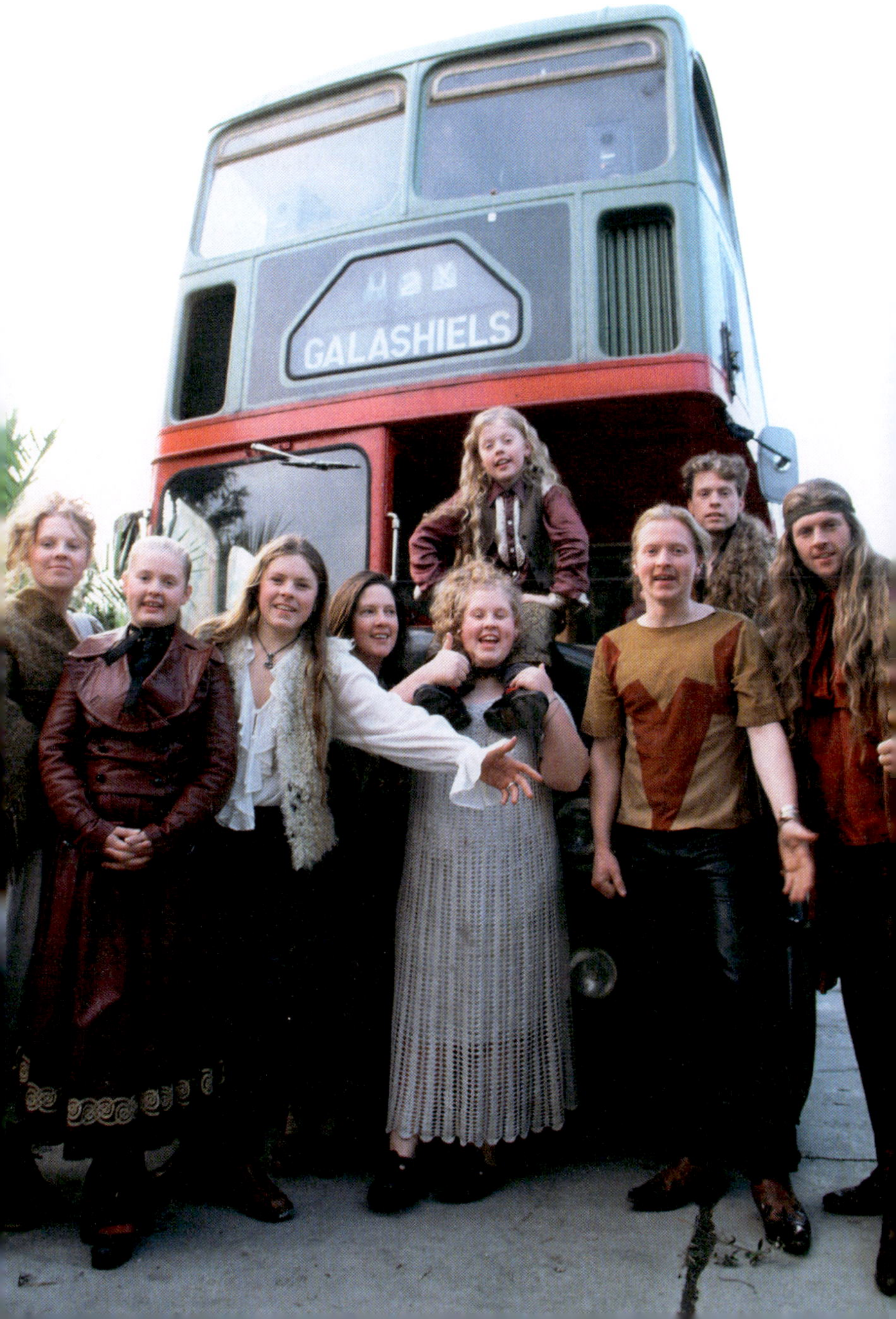
GALASHIELS

Das Quiz für Kelly-Kenner

16 Kelly-Familienmitglieder, 16 Fragen. Wer ist der Kelly-Könner?

1. Welche/r Künstler verdrängte das Kelly-Family-Album „Almost Heaven“ am 23.12.1996 1996 vom ersten Platz der deutschen LP-Charts?

a) Andrea Bocelli
b) Backstreet Boys
c) Spice Girls

2. In welcher deutschen Band saß Angelos Schlagzeuglehrer Jürgen Zöller NICHT am Schlagzeug?

a) Wolf Maahn & die Deserteure
b) BAP
c) Bläck Fööss

3. Welches Kelly-Family-Album wurde in Australien mit einer Platin-Schallplatte ausgezeichnet?

a) Songs Of The World
b) Wonderful World
c) New World

4. Mit wem nahmen die Shanti-Rocker Santiano 2011 eine Coverversion von „David's Song“ mit deutschem Text („Weit übers Meer“) auf?

a) Maite Kelly
b) Helene Fischer
c) Andrea Berg

5. Welchen Namen trug das Segelschiff der Kelly Family, bevor die es auf „Santa Barbara Anna“ taufte?

a) Loreley
b) Vanessa Ann
c) Störtebeker

6. Wie viele seiner Starschnitte veröffentlichte die Bravo von der Kelly Family?

a) drei (Rekord)
b) einen
c) keinen einzigen

7. Welcher Song verhinderte im Dezember 1994, dass „An Angel“ von der Kelly Family, Platz eins der deutschen Single-Charts erreichte?

a) Cotton Eye Joe (Rednex)
b) Hyper Hyper (Scooter)
c) Always (Bon Jovi)

8. Wer war der einzige Jury-Kollege von Maite, der bei der DSDS-Staffel 2021 NICHT ausgetauscht wurde?

a) Mike Singer
b) Florian Silbereisen
c) Pietro Lombardi

9. Wer schrieb die Autobiografie „Der Klang meines Lebens“?

a) Angelo
b) Patricia
c) John

10. In welchem Western-Klassiker ist das irische Traditional „Danny Boy“, das die Kellys 1978 als erste Single veröffentlichten, zu hören?

a) Spiel mir das Lied vom Tod (gesungen von Maureen McBain, kurz bevor sie erschossen wird)
b) Zwölf Uhr mittags (gesungen von Marshall Will Kane, als er auf den Zug wartet)
c) Der mit dem Wolf tanzt (gesungen von Lieutenant John Dunbar, abends am Lagerfeuer)

11. Wo wurde das Foto für das Single-Cover von „An Angel“ geschossen?

a) An den Steilküsten-Klippen Moher in Irland
b) Auf der Treppe im Open-Air-Theater auf der Loreley
c) Auf den Treppenstufen des Berliner Reichstagsgebäudes

12. Von welchem besonderen Platz aus verfolgte Dan Kelly in den Jahren der Kellymania die Konzerte seiner Kids?

a) Er saß immer auf einem Hochsitz am Sound-Mischpult gegenüber der Bühne
b) Die Shows wurden live in seine Kommandozentrale auf dem Hausboot übertragen
c) Er saß in einem roten Sofa backstage am Bühnenrand

13. Welchen Beruf erlernte Paul Kelly, als er sich Mitte der 80er-Jahre von der Band trennte und in Paris blieb?

a) Fremdenführer
b) Koch
c) Lehrer

14. Wer war das Hauptmotiv auf dem Bravo-Cover der Ausgabe 25/1993, die den zweiten Artikel über die Kelly Family enthielt?

a) Michael Jackson (mit seinem Affen Bubbles)
b) Take That (erstmals ohne Robbie)
c) Modern Talking (Dieter, Thomas und Nora)

15. Nach East Grove und Schloss Gymnich kauften die Kellys in Irland ein weiteres Anwesen. Es hieß ...?

a) Bell House
b) Ring House
c) Church House

16. Wer erreichte – als bislang einziges Kelly-Kind – als Solist/-in die Nummer eins der deutschen Album-Charts?

a) Angelo
b) Michael Patrick
c) Maite

Quiz-Lösungen

1a, 2c, 3a, 4b, 5b, 6c, 7a, 8a, 9b, 10a, 11c, 12c, 13b, 14a, 15b, 16c

Zitate

„Da werden Träume wahr von Love und Peace.“

Der Spiegel

„Wir Kinder haben um Regen gebetet. Denn nur an Regentagen mussten wir keine Musik machen und konnten länger schlafen und spielen.“

Jimmy über die harte Anfangszeit als „Kelly Kids“ in den 70er-Jahren

„Wir wollten den Erfolg. Wir wollten immer in die großen Hallen.“

Maite

„You're not Irish, you're bloody Americans.“

Irische Einwohner von Tallaght, als die Family 1977 erstmals in die Heimat ihrer Ahnen kam

„Einer der besten Rock-Acts, den ich je gesehen habe.“

Steven Tyler, Aerosmith-Frontmann, 1994, nachdem er die Kellys beim „Out In The Green“ spielen sah

„In Deutschland ist's am schönsten – auch wenn in Spanien das Wetter besser ist und in Irland die Menschen ein besonders warmes Herz haben.“

Joey darüber, wo er sich am heimischsten fühlt

„Wenn du als Kelly alleine warst, warst du auf der Straße so gut wie tot, denn du hattest kein Geld, keine Freunde, keine eigenen Ansprechpartner. Du warst lost ohne die Familie.“

Joey

MAMMA MIA!

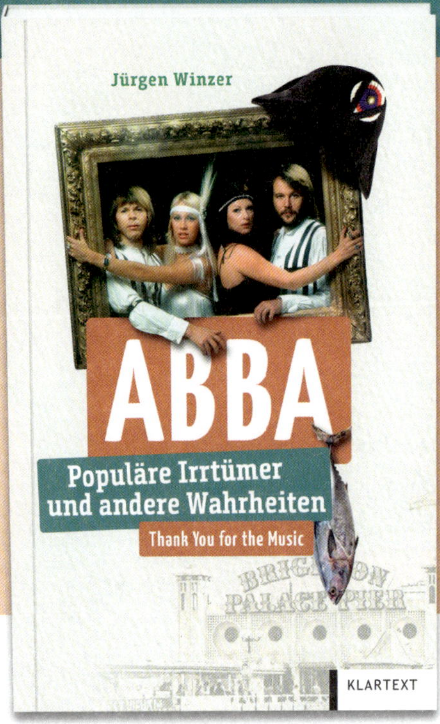

Der Erfolg von ABBA ist legendär. Sie haben mit ihrer Musik die Welt des Pop verändert!

Jürgen Winzer geht in seinem Buch der Frage nach dem Erfolgsgeheimnis der Band nach. Auf in die schillernde Welt von Plateauschuhen und Popmusik!

Jürgen Winzer
ABBA
Populäre Irrtümer und andere Wahrheiten

120 Seiten, zahlr. farb. Abbildungen
Klappenbroschur, 16,95 €
ISBN 978-3-8375-2430-7

Weitere Bücher aus unserer Reihe „Irrtümer & Wahrheiten" sind zu finden auf: www.klartext-verlag.de und überall im Handel.